EDIÇÕES BESTBOLSO

Genealogia da moral

Friedrich Nietzsche (1844-1900) foi um dos maiores pensadores e filósofos de todos os tempos, tendo trabalhado também como filólogo, crítico cultural, poeta e compositor. Seus textos abrangem principalmente os temas de religião, moral e ciência. Em *Genealogia da moral*, uma de suas principais obras, Nietzsche faz uma crítica à moral vigente na sociedade, analisando os princípios ocidentais desde Sócrates, em uma complementação e explicação mais clara da obra anterior, *Para além do bem e do mal*. *Genealogia da moral* é considerado um dos mais incisivos livros da filosofia ocidental, o auge da psicologia social do autor. Seu legado de questionamentos e ideais é estudado até hoje em todo o mundo.

CB081867

Friedrich Nietzsche

GENEALOGIA DA MORAL

Tradução de
ATTILA BLACHEYRE

Posfácio à edição de bolso
ANTONIO VALVERDE

3ª edição

EDIÇÕES
BestBolso
RIO DE JANEIRO – 2018

CIP-BRASIL. CATALOGAÇÃO NA FONTE
SINDICATO NACIONAL DOS EDITORES DE LIVROS, RJ

Nietzsche, Friedrich, 1844-1900
N581g Genealogia da moral / Friedrich Nietzsche; tradução Attila
3ª ed. Blacheyre. – 3ª ed. – Rio de Janeiro: BestBolso, 2018.
12 × 18 cm.

Tradução de: Zur Genealogie der Moral
ISBN 978-85-7799-524-0

1. Filosofia. II. Título

16-34156 CDD: 100
CDU: 1

Genealogia da moral, de autoria de Friedrich Nietzsche.
Título número 417 das Edições BestBolso.
Terceira edição impressa em junho de 2018.
Texto revisado conforme o Acordo Ortográfico da Língua Portuguesa.

Título original alemão:
Zur Genealogie der Moral

Copyright da tradução © by Editora Best Seller Ltda.

www.edicoesbestbolso.com.br

Design de capa: Carolina Vaz.

Todos os direitos desta edição reservados. Proibida a reprodução, no todo ou em parte, sem autorização prévia por escrito da editora, sejam quais forem os meios empregados.

Impresso no Brasil

ISBN 978-85-7799-524-0

Sumário

Prólogo

1.

Nós, conhecedores, somos desconhecidos de nós próprios: e por um bom motivo. Jamais nos procuramos – como poderíamos, então, algum dia nos *encontrar*? Como se diz, com razão: "Onde estiver seu tesouro, estará também seu coração"; *nosso* tesouro se encontra onde estão as colmeias do nosso conhecimento. Estamos sempre a caminho delas, como insetos nascidos com asas e coletores do mel intelectual, preocupados de coração com uma só coisa – "levar algo para casa". Além disso, no que se refere à vida, às chamadas "vivências" – quem de nós tem seriedade suficiente para elas? Ou tempo suficiente? – Receio que em tais questões jamais tenhamos prestado a devida atenção: nosso coração simplesmente não está envolvido – nem mesmo nosso ouvido! Ao contrário, assim como alguém divinamente distraído e mergulhado nos próprios pensamentos, a quem o sino acaba de alertar com toda a força das doze badaladas do meio-dia e que desperta, se interroga: "O que foi que soou?" Nós também coçamos, por vezes, as orelhas e, em seguida, perguntamos, atônitos: "O que, de fato, acabamos de vivenciar?", ou até mesmo "Quem somos, afinal?", e depois, como foi dito, contamos as doze vibrantes badaladas da nossa experiência, da nossa vida, do nosso *ser*. – Ah! E perdemos a conta... Permanecemos estranhos a nós mesmos por necessidade, não nos compreendemos, temos de confundir quem somos, em nós vigora para sempre a frase "Cada um está mais longe de si próprio" – não somos "conhecedores" quando se trata de nós mesmos...

2.

– Minhas reflexões sobre a *origem* de nossos preconceitos morais – é disso que trata esta polêmica – foram inicialmente estabelecidas, de forma incompleta e provisória no conjunto de aforismas intitulado *Humano, demasiado humano. Um livro para espíritos livres*, cuja redação começou em Sorrento durante um inverno que me permitiu pausar, como um peregrino o faz, para assimilar o extenso e perigoso território através do qual minha mente viajara até então. Isso aconteceu no inverno de 1876-1877; os pensamentos em si são mais antigos. Já eram praticamente os mesmos pensamentos que retomo nestes tratados – esperemos que esse longo intervalo lhes tenha feito bem, que se tenham tornado mais maduros, mais claros, mais fortes e mais perfeitos! O fato de eu ainda me ater a eles hoje e de eles mesmos, nesse tempo, terem se unido com força cada vez maior, chegando a se entrelaçar e fundir, fortalece em mim a alegre certeza de que desde o começo não podem ter surgido em mim de maneira isolada, fortuita ou esporádica, e sim de uma raiz comum, de um *desejo fundamental* do conhecimento que tomou o controle, falando de modo cada vez mais resoluto e exigindo coisas cada vez mais precisas. E essa é a única coisa adequada a um filósofo. Não temos direito a ter pontos de vista *individuais*: não devemos cometer erros ou chegar à verdade individualmente. De nós, em vez disso, com a mesma inevitabilidade de uma árvore que dá frutos, crescem os pensamentos, os valores, os "sins" e os "nãos", os "ses" e os "quês" – todos aparentados e relacionados entre si e testemunhas de *um* desejo, *uma* saúde, *uma* terra e *um* sol. – Você aprecia o gosto da nossa fruta? – Mas em que isso importa às árvores? Em que isso importa a nós, filósofos?...

3.

Com um ceticismo característico, que é, reconheço, relutante – que se relaciona à *moralidade*, e a tudo que até agora foi festejado no planeta como moralidade –, ceticismo este que surgiu tão cedo, espontaneamente e indomável em minha vida, e que estava em confronto com o meio, idade, exemplos e origens, a ponto de eu quase ter o direito de chamá-lo meu *a priori* – eventualmente, minha curiosidade teve, assim como minha desconfiança, de deter-se à pergunta referente às *verdadeiras origens* do nosso conceito de bem e de mal. Na verdade, o problema da origem do mal já me perseguia quando era um garoto de 13 anos: numa idade em que se tem "o coração dividido entre as brincadeiras infantis e Deus", dediquei meu primeiro jogo infantil literário, meu primeiro ensaio filosófico a este problema e quanto à minha "solução" para ele naquela época dei a Deus o crédito e fiz dele o *pai* do mal. Era isso que meu *a priori* queria de mim? Aquele *a priori* novo, imoral ou pelo menos amoral e oh, tão antikantiano, tão enigmático "imperativo categórico" a emergir dele e ao qual, ao mesmo tempo, dediquei atenção cada vez maior, e não só a atenção?... Felizmente, aprendi com o tempo a separar o preconceito teológico do moral e não procurei mais a origem do mal *além* do mundo. Alguma instrução histórica e filológica, acrescida de uma capacidade inata e seletiva nas questões psicológicas em geral, logo transformaram meu problema em outro: sob que condições o homem inventou esse juízo de bem e mal? E que valor têm eles próprios? Tolheram ou incentivaram até agora o desenvolvimento humano? Seriam eles um sinal de indigência, de empobrecimento, de degeneração da vida? Ou, ao contrário, neles se manifestam a plenitude, a força, o desejo de vida, sua coragem, seu futuro? A esse respeito procurei e arrisquei várias respostas, diferenciei épocas, povos, castas, especializei minha pesquisa e, das respostas, se desenvolveram novas perguntas, pesquisas, conjeturas e probabilidades, até que acabei por possuir território próprio, solo próprio, todo um mundo florescendo e crescendo em total silêncio, jardins secretos, por assim dizer, dos quais ninguém tinha permissão de suspeitar... Oh, como nós, sabedores, somos *felizes*, supondo que saibamos ficar em silêncio pelo tempo necessário!...

4.

O primeiro estímulo a publicar algo sobre minhas hipóteses acerca da origem da moral veio por meio de um livrinho claro, honesto e inteligente, bastante inteligente, em que pela primeira vez encontrei claramente um tipo invertido e perverso de hipóteses genealógicas, o tipo *inglês*, na verdade, e tal livrinho me atraiu – com a força de atração que possui tudo o que é contraditório antitético. O título do livro era: *Der Ursprung der moralischen Empfindungen [A origem das impressões morais*, em tradução livre]; o autor, o Dr. Paul Rée; o ano de publicação, 1877. Eu talvez jamais tenha lido algo sobre o qual dissesse "não" a cada frase, a cada conclusão, como fiz nesse livro: mas sem qualquer fastio ou impaciência. Na obra antes mencionada, em que eu então trabalhava, referi-me oportuna e inoportunamente às frases desse livro, não a fim de refutá-las – em que medida posso refutar! –, mas, como convém a uma mente positiva, pondo no lugar do improvável algo mais provável e, em certas circunstâncias, um erro em lugar de outro. Como disse, foi nessa época que trouxe à luz essas hipóteses genealógicas, às quais estes tratados são dedicados, numa inabilidade que gostaria de ocultar e, ainda inibido, ainda sem uma língua própria para esse tema, com todo o tipo de recaída e oscilação! Em particular compare-se ao que digo em *Humano, demasiado humano*, parágrafo 45, sobre a dupla pré-história do bem e do mal (ou seja, da esfera dos nobres e dos escravos); assim como no parágrafo 136, sobre o valor e a origem da moral ascética; também parágrafos 96 e 99, e vol.

II, 89, acerca da "moralidade do costume", essa forma muito mais antiga e original de moral, que difere *toto coelo** da forma altruísta de valorização (nela o Dr. Rée, assim como todos os genealogistas da moral ingleses, vê o método de avaliação moral em si); igualmente no parágrafo 92, *O Andarilho*, parágrafo 26, e *Aurora*, parágrafo 112, sobre a origem da justiça como uma compensação entre dois poderes aproximadamente iguais (o equilíbrio como premissa em todos os acordos, consequentemente em toda a lei); ou ainda sobre a origem do castigo, *O Andarilho*, parágrafos 22 e 53, em que a finalidade dissuasória não é essencial e tampouco espontânea (segundo o Dr. Rée: – essa finalidade foi agregada, em certas circunstâncias, e sempre como um acessório, algo a mais).

5.

Na verdade, havia, justamente naquela época, algo muito mais importante em meu coração do que hipóteses próprias ou de outrem sobre a origem da moral (ou, mais precisamente: esse último aspecto só me interessava por um objetivo, para o qual era um, entre muitos meios). Tratava-se, para mim, do *valor* da moral – e a esse respeito tive que confrontar meu grande mestre Schopenhauer, a quem aquele livro se dirigiu, como se ele estivesse presente, com sua paixão e secreta contradição (– pois também ele era uma "polêmica"). Trata-se especialmente do valor do "não egoísmo", dos instintos de compaixão, abnegação e autossacrifício, os quais Schopenhauer por tanto tempo adornara, divinizara e transcendera, até que por fim se tornassem para ele "valores em si", numa base a partir da qual ele *disse* "*não*" à vida e também a si próprio. Mas precisamente contra *esses* instintos surgia em mim uma desconfiança cada vez maior, um ceticismo que se aprofundaria cada vez mais!

---

*Totalmente. *(N. do T.)*

Somente aí eu vi o *grande* perigo para a humanidade, sua atração e tentação mais sublimes – tentação pelo quê? Pelo nada? – Justamente aí enxerguei o começo do fim, o estacar, o olhar para trás com cansaço, a vontade voltando-se *contra* a vida, a última doença se anunciando terna e melancólica: eu compreendia que essa moral da compaixão, ganhando mais terreno a cada dia, capturando e tornando doentes até os filósofos, era o sintoma mais inquietante de nossa cultura europeia, essa também tornada inquietante; como seu desvio para um novo budismo? Para um budismo europeu? Para o – *nillismo*? Essa predileção e superestima da compaixão que os filósofos modernos mostram são de fato coisas novas: concordaram sobre a *inutilidade* da compaixão até agora. Eu cito apenas Platão, Espinoza, La Rochefoucauld e Kant, quatro mentes tão diferentes uma da outra quanto possível, porém unidos em um ponto: o desprezo à compaixão. –

6.

Esse problema do *valor* da compaixão e da moral da compaixão – oponho-me à vergonhosa suavidade moderna dos sentimentos – parece a princípio apenas um fenômeno isolado, um ponto de interrogação em si mesmo; contudo, aquele que se detiver na questão e aprender a questionar experimentará o que experimentei: uma incrível nova perspectiva lhe é aberta, uma possibilidade o deixa tonto, desconfiando, com uma suspeita e todo tipo de medo aflora, a fé na moral, toda a moralidade, cambaleia – por fim, uma nova exigência se faz ouvir. Vamos enunciá-la, essa *nova exigência*: necessitamos de uma *crítica* quanto aos valores morais, *o próprio valor desses valores deve ser examinado* – e para tanto precisamos conhecer as condições e circunstâncias das quais eles advieram, se desenvolveram e se modificaram (moral como consequência, sintoma, máscara, tartufice*, doença, mal-entendido; mas também moral como causa, remédio, estimulante, inibição, veneno), um conhecimento como não existiu até agora e não foi sequer desejado. Tinha-se o *valor* desses "valores" como dado, como efetivo, além de qualquer questionamento; também não se tem até agora, nem remotamente, duvidado ou hesitado em estabelecer maior valor ao "bom homem" do que ao "mau", maior no sentido de ser favorável, útil e proveitoso para o homem em geral (incluindo o futuro do homem). O quê? E se o contrário fosse verdade? O quê? E se no "homem bom" houvesse também um sintoma de retrocesso ou mesmo um perigo, tentação, veneno, narcótico, em que o presente *vivesse às custas do futuro*? Talvez de modo mais agradável e inofensivo, porém num estilo inferior, de modo mais baixo?... Seria assim exatamente a moral a culpada se o homem, como espécie, nunca alcançasse sua *suprema potencialidade e esplendor*? Seria, então, justamente a moral o perigo dos perigos?...

7.

Tal conjetura foi o bastante para que, desde o momento em que essa perspectiva se abriu, eu buscasse companheiros doutos, ousados e diligentes (faço-o ainda hoje). O imenso, longínquo e tão oculto território da moral – da moral que de fato existiu, que foi realmente vivida – deve ser percorrido com perguntas totalmente novas e, a bem dizer, com olhos novos: e não significa isso quase o mesmo que *descobrir* tal território?... Se, entre outros, pensei no referido Dr. Rée, tal se deu porque eu não duvidava de que a própria natureza de suas perguntas o forçaria a uma metodologia mais acertada para chegar às respostas. Enganei-me nesse ponto? De qualquer maneira, meu desejo

*Tartüfferie, no original, que quer dizer hipocrisia, falsidade, como o personagem Tartufo, da comédia de Molière. *(N. do T.)*

era dar direção melhor a olhos tão aguçados e imparciais, a direção da verdadeira *história da moral* e alertá-lo enquanto ainda havia tempo sobre essas hipóteses inglesas que se perdem no *azul do céu*. Está mais do que claro que uma outra cor é cem vezes mais importante para um genealogista da moral: o *cinza*, isto é, o documentado, o realmente contestável, o que de fato existiu, em suma, toda a longa e dificilmente decifrável escrita hieroglífica do passado da moral humana! Esse passado era desconhecido ao Dr. Rée; contudo, ele lera Darwin – e assim, nas suas hipóteses, a fera darwiniana e o moderníssimo, modesto fracote moral, apertam-se gentilmente as mãos, de modo pelo menos divertido, este último mostrando no rosto a expressão de certa indolência bem-humorada e refinada à qual se acha misturada uma grama de pessimismo, de fadiga: como se realmente não compensasse levar tais coisas – os problemas da moral – tão a sério. Para mim, ao contrário, não há nada mais *compensador* que encará-los seriamente; a recompensa seria, por exemplo, a possibilidade de um dia se ter permissão para encará-los alegremente. A alegria ou, na minha linguagem, a *gaia ciência* – é uma recompensa: um pagamento pela seriedade longa, valente, diligente e subterrânea que certamente nem todos têm. Mas no dia em que dissermos de todo o coração: "Avante! A nossa velha moral também faria uma *comédia*!" – teremos descoberto novo enredo e possibilidade para o drama dionisíaco do "destino da alma" – e este tirará então vantagens, pode-se apostar, ele, o grande, velho e eterno autor da comédia da nossa existência!...

8.

Se esta obra for incompreensível a alguém e soar mal aos ouvidos, ao que me parece a culpa não será necessariamente minha. Ela é bastante clara, supondo, como eu faço, que se tenha lido minhas obras anteriores, sem poupar certo esforço:

sua abordagem realmente não é fácil. No que diz respeito ao meu *Zaratustra*, por exemplo, a ninguém permito se intitular conhecedor da obra se não tiver sido por ela, em dado momento, ferido profundamente e encantado por cada palavra sua, só dessa forma poderia desfrutar do privilégio de fazer parte, com a devida reverência, do elemento alciônico a partir do qual nasceu essa obra, da sua claridade solar, distância, amplidão e certeza. Noutros casos, a forma aforística cria dificuldades: porque a essa forma *não é dada suficiente importância* hoje em dia. Um aforismo, se bem cunhado e moldado, não foi ainda "decifrado" pelo fato de ser lido; ao contrário, esse é o início de sua *interpretação* e, para tanto, é requerida uma arte de interpretação. No terceiro tratado deste livro, ofereço um exemplo do que, num caso assim, chamo "interpretação": esse tratado é um comentário sobre o aforismo que o precede. É certo que, para exercitar a *arte* da leitura, há algo que se torna necessário acima de tudo, algo que hoje em dia foi bem esquecido – e ainda necessitará de tempo até que minhas obras sejam "legíveis" –; é necessário ser quase uma vaca para isso ou, pelo menos, *não* ser um "homem moderno": é um *ruminar*...

Sils-Maria, Oberengadin
em julho de 1887.

1

Primeiro tratado
Bom e mau, bom e ruim

1.

— Esses psicólogos ingleses, aos quais até agora se devem as únicas tentativas de se chegar a uma história evolutiva da moral – por si mesmos, nos propõem um enigma nada pequeno; confesso que, por serem enigmas, têm uma vantagem significativa sobre seus livros; eles próprios são interessantes! Esses psicólogos ingleses – o que querem, afinal? Querendo ou não, nós os encontramos sempre dedicados à mesma obra, a de colocar a *partie honteuse** do nosso mundo interior em primeiro plano e procurar o que de fato é efetivo, condutor e decisivo para nosso desenvolvimento, justamente ali onde a vaidade intelectual humana menos desejaria encontrá-lo (por exemplo, na *vis inertiae*** do hábito ou no esquecimento, ou em cega e casual concatenação e mecanismo de ideias, ou em algo meramente passivo, automático, reflexivo, molecular e basicamente estúpido) – afinal, o que impulsiona esses psicólogos sempre a *essa exata direção*? Será instinto secreto, malicioso e baixo, talvez nem a si próprios confessado, de depreciação do homem? Ou porventura uma desconfiança pessimista, a suspeita de

*Parte vergonhosa. *(N. do T.)*

**Força da inércia. *(N. do T.)*

idealistas desiludidos, obscurecidos e venenosos? Ou pequena hostilidade subterrânea e rancor contra o cristianismo (e Platão) que talvez nem tenham chegado ao limiar da consciência? Ou mesmo um gosto ávido pelo estranho, pelos paradoxos dolorosos, pelo problemático e absurdo da existência? Ou finalmente – uma mistura de tudo, um pouco de vulgaridade, um pouco de obscuridade, um pouco de anticris- tianismo, um pouco de volúpia e necessidade de pimenta?... Dizem-me, porém, que eles não passam de sapos velhos, frios, aborrecidos, que rastejam e pulam em torno e dentro do homem, como se ali estivessem em seu exato elemento, ou seja, num pântano. É com resistência que o ouço dizer e, na verdade, não creio nisso; caso se tenha o direito de desejar, quando não se pode saber, então desejo de coração que ocorra o contrário – que esses pesquisadores e microscopistas da alma sejam, no fundo, valentes, generosas e orgulhosas criaturas, as quais saibam conter seus corações, assim como suas dores, e que se tenham disciplinado para sacrificar todos os desejos à verdade, a toda a verdade, mesmo a mais simples, áspera, feia, repugnante, não cristã e amoral verdade... Pois existem verdades assim. –

2.

Todo o respeito, portanto, pelos espíritos bons que acaso estejam presentes nesses historiadores da moral! Mas, infelizmente, é certo que lhes falta o próprio *espírito histórico*, que eles foram esquecidos por todos os bons espíritos da história! Conforme é velho costume dos filósofos, todos pensam de maneira *essencialmente* não histórica; quanto a isso não há dúvida. A estupidez de sua genealogia da moral se mostra logo ao começo, quando se trata de averiguar a origem e o julgamento do conceito de "bom". "Originariamente" – decretam eles – "as ações não egoístas foram louvadas e declaradas boas por aqueles a quem se destinavam, ou seja, aqueles a quem eram *úteis*; mais tarde, *esqueceu-se* dessa origem do louvor e as ações não egoístas foram sentidas também como boas, porque, habitualmente, foram louvadas como boas – como se fossem algo bom em si." Vê-se logo: esta primeira dedução já contém todos os traços típicos da idiossincrasia dos psicólogos ingleses – nela nos deparamos com a "utilidade", o "esquecimento", o "hábito" e, ao final, "o erro", todos como base de uma apreciação de valores da qual o homem superior se orgulhara até agora, como por uma espécie de privilégio da humanidade. Esse orgulho *deve ser* humilhado e essa apreciação desvalorizada: tal foi alcançado?... Agora está bem claro para mim que, a partir dessa teoria, a verdadeira fonte do conceito "bom" é procurada e posta no lugar errado: o julgamento "bom" *não* provém daqueles que demonstram bondade! Em vez disso, foram os próprios "bons", ou seja, os nobres, poderosos, superiores em posição e pensamento, que sentiram e estabeleceram a si próprios e a suas ações como bons, isto é, como algo de primeira categoria, em contraste a tudo que fosse mesquinho, inescrupuloso, vulgar e plebeu. Partindo desse *pathos da distância*, eles se atribuíram o direito de criar valores, e nomeá-los: a utilidade não lhes importava! Justamente o ponto de vista da utilidade é o mais estranho e inoportuno possível à perspectiva de tal erupção superior de apreciações, que estipula e eleva hierarquias: exatamente nesse ponto o sentimento chega a ser o oposto desse baixo grau de calor, pressuposto em toda a esperteza calculada, em todo o cálculo de utilidade – e não por uma vez, não por um momento de exceção, mas permanentemente. O *pathos* da nobreza e da distância, como foi dito, o duradouro e dominante sentimento conjunto e básico de um tipo superior e dominante na relação com um tipo inferior, com um "abaixo" – *esta* é a origem dos opostos "bom" e "ruim". (O direito dos poderosos a dar nomes vai tão longe que deve permitir que se conceba a própria origem da língua como expressão de poder pelos que dominam: eles dizem "isto é isto e aquilo é aquilo", eles designam qualquer coisa e acontecimento com um rótulo, com o qual, a bem dizer, tomam posse dele.) Pela perspectiva dessas origens, a palavra "bom" *não* se refere necessariamente, em absoluto, às ações "não egoístas": como é crença supersticiosa desses genealogistas da moral. Só quando, ao contrário, os juízos aristocráticos de valores *declinam* que o contraste total de "egoísta" e "não egoísta" se impõe cada vez mais à consciência humana – é, falando na minha linguagem, *o instinto de rebanho*, que, com tal contraste, por fim toma a palavra (também *as palavras*). E mesmo então se leva muito tempo até que tal instinto se torne dominante, de modo que a apreciação dos valores morais desse antagonismo permanece verdadeiramente suspensa e parada (como é o caso, por exemplo, da Europa atual: o preconceito que aceita "moralidade", "não egoísta", e *désintéressé* como conceitos de igual valor predomina com o ímpeto de uma "ideia fixa" ou doença mental).

3.

Em segundo lugar, porém: totalmente à parte o fato de que essa hipótese sobre a origem do juízo de valor "bom" tem uma insustentabilidade histórica, ela sofre de um contrassenso psicológico em si mesma. A utilidade da ação não egoísta deve ser a origem do seu louvor e essa origem deve ter sido *esquecida*: e como foi *possível* tal esquecimento? Acaso a utilidade de tais ações terminou em algum momento? Ocorre o contrário: essa utilidade tem sido, de modo inverso, a vivência cotidiana em todos os tempos, portanto é algo que foi constantemente enfatizado; por consequência, em vez de se dissipar, em vez de ser esquecida, teve de ser imprimida à consciência com clareza cada vez maior. Muito mais razoável é a teoria oposta (nem assim mais verdadeira), defendida, por exemplo, por Herbert Spencer: esta estabelece o conceito "bom" como essencialmente idêntico ao conceito "útil", "conveniente", de modo que precisamente nos juízos "bom" e "ruim" a humanidade acumulou e sancionou suas vivências *inesquecidas* e *inesquecíveis* no tangente ao útil-conveniente e ao prejudicial-inconveniente. De acordo com essa teoria, bom é o que sempre se tenha mostrado útil: assim devia ser afirmado como valor "precioso no mais alto grau", como "precioso em si". Esta linha de explicação também é, como foi dito, falsa, mas pelo menos a própria explicação em si é coerente e psicologicamente sustentável.

4.

A indicação para o caminho *certo* me veio por meio da pergunta sobre qual é, afinal, o sentido etimológico das designações de "bom", usadas em diferentes línguas: percebi, então, que todas elas reconduziam *à mesma metamorfose conceitual* – que, em toda parte, "aristocrata", "nobre", em termos corporativos, é o conceito básico a partir do qual se desenvolveu necessariamente o "bom" no sentido de "distinção espiritual", de "nobre", de "espiritualmente respeitado", de "espiritualmente privilegiado": um desenvolvimento sempre paralelo àquele outro que considera "vulgar", "plebeu", "baixo" parte do conceito de "ruim". O exemplo mais eloquente deste último é a própria palavra alemã "*schlecht*": idêntica, em si, a "*schlicht*"* – compare-se "*schlechtweg/schlechterdings*"** – que em sua origem designava o homem simples, comum, ainda sem um olhar desconfiado, simplesmente em contraste ao nobre. Por volta da época da Guerra dos Trinta Anos, portanto bem tardiamente, esse sentido se converteu no que hoje é usual. – Isso me parece conhecimento essencial com relação à genealogia da moral; o fato de ser compreendido tão tarde resulta da influência inibitória que exerce, no mundo moderno, esse preconceito democrático com respeito a todas as questões da origem. Preconceito esse que penetra até no mais aparentemente objetivo território,

*Simples. (*N. do T.*)

**Simplesmente. (*N. do T.*)

o das ciências naturais e da fisiologia, coisas a que apenas neste contexto posso aludir. Porém, o que o desatino desse preconceito, exacerbado até o ódio, pode causar, especialmente à moral e à ciência histórica mostra-se no famigerado caso Buckle*; o *plebeísmo* do espírito moderno, de origem inglesa, irrompeu de novo no seu solo natal, violento como um vulcão de lama, com a eloquência excessiva, barulhenta e vulgar com que os vulcões têm discursado até hoje.

5.

Com respeito ao *nosso* problema, que por bons motivos pode ser chamado de problema *silencioso* e que só se destina seletivamente a poucos ouvidos, o interesse não é nada pequeno em estabelecer que nessas palavras e raízes que assinalam o "bom" ainda transparece de várias formas a nuance principal, com base na qual os nobres se sentiam homens de grau superior. É certo que, talvez na maioria dos casos, eles se designam simplesmente de acordo com sua superioridade em poderio (como "poderosos", "senhores" e "condutores") ou de acordo com a insígnia mais visível dessa superioridade, como "ricos", "possuidores" (este é o sentido de *arya***; em iraniano e eslavo). Mas, para se darem nomes, apoiam-se também *num traço típico do caráter*: e esse é o caso que aqui importa. Eles se chamam, por exemplo, "os verdadeiros": a aristocracia grega, cujo porta-voz foi o poeta Theognis, de Megara, foi a primeira a fazê-lo. A palavra usada para esse fim, ἐσθλος, significa etimologicamente alguém que *é*, que tem realidade, que realmente existe e é verdadeiro; e então, com uma mudança subjetiva, significa o verdadeiro enquanto veraz: nesta fase de sua metamorfose conceitual, a referida palavra se converte no distintivo e lema da aristocracia e passa a ter cabalmente o sentido de "nobre",

---

*Historiador positivista inglês. (*N. do E.*)

**Do sânscrito, significa conjunto de significados positivos. *(N. do E.)*

como delimitação ante o *mentiroso* homem comum, tal como Theognis o concebe e descreve – até que finalmente a palavra, após o ocaso da nobreza, sobreviva como designação de *noblesse* espiritual, tornando-se, a bem dizer, madura e doce. Na palavra χαχός*, assim como em δελός** (o plebeu em contraste ao ἀγαθός)***, a covardia está enfatizada; isso talvez dê indicação quanto à direção em que se deve procurar a origem etimológica de ἀγαθός, passível de muitas interpretações. O *malus* latino (que equiparo a μέλας****) talvez caracterizasse o homem comum como o de pele escura, e sobretudo de cabelos pretos – "hic niger est"***** –, como o habitante pré-ariano do território italiano, que por causa da cor se distinguia da maneira mais evidente da raça loura, ou seja, da raça ariana dos conquistadores que chegaram ao poder; pelo menos o gaélico me ofereceu um caso que corresponde com exatidão – *fin* (no nome *Fin-Gal*, por exemplo), palavra que designa a nobreza, e, por fim, o bom, o nobre, o puro, significando na origem aquele que é louro, em oposição aos habitantes nativos, de pele morena e cabelos pretos. Os celtas, diga-se de passagem, foram uma raça absolutamente loura; comete-se um erro quando se relaciona esse vestígio de uma população de cabelos essencialmente escuros, que pode ser vista em cuidadosos mapas etnográficos da Alemanha, a qualquer origem ou mistura com o sangue celta, como ainda postula Virchow: essas regiões aparecem, ao contrário, a população *pré-ariana* da Alemanha. (O mesmo vale para a quase toda a Europa: essencialmente, a raça subjugada voltou afinal à predominância nesses próprios territórios, na cor, na forma curta crânio, talvez até nos instintos intelectuais e sociais: quem nos garante que a democracia

---

*Mau, feio. *(N. do T.)*

**Medroso. *(N. do T.)*

***Bom. *(N. do T.)*

****Negro. *(N. do T.)*

*****Esse é negro. *(N. do T.)*

moderna, o anarquismo ainda mais moderno e, notadamente, essa inclinação para a "commune", a forma mais primitiva de estrutura social, comum agora a todos os socialistas da Europa, não significam, no essencial, um gigantesco *contragolpe* – e que a raça dos conquistadores e dos *senhores*, a dos arianos, não está também sucumbindo fisiologicamente?...). Acredito ter o direito de interpretar o "*bônus*" latino como "o guerreiro": supondo ter razão em remontar "bônus" a um "duonus" mais antigo (compare-se "bellum = duellum = duenlum"*, nos quais me parece que "duonus" se sustenta). "Bonus", portanto, como homem da discórdia, da divisão (*duo*), como guerreiro: pode-se ver o que representava a "bondade" de um homem da antiga Roma. Veja o próprio sentido de "*gut*", no alemão: não teria o significado de "o divino" (*den Göttlichen*), o homem de "estirpe divina" (*göttliche Geschlechts*)? E ser idêntico ao nome popular (originariamente da nobreza) dos godos (*Gothen*)? Os motivos para esta conjetura não se situam aqui. –

6.

Com base nesta regra de que o conceito político de primazia se dilui sempre num conceito espiritual de primazia, não se constitui, a princípio, exceção alguma (embora haja motivo para as exceções) caso a casta mais poderosa seja, ao mesmo tempo, a *sacerdotal*, e consequentemente escolha para sua designação geral um predicado que lembre sua função sacerdotal. Então, pela primeira vez, defrontaram-se, por exemplo, "puro" e "impuro", como distintivos de condições; e também aí se desenvolveram mais tarde, "bom" e "ruim" em sentido já não corporativo. No mais, deve-se ter cautela para não encarar de antemão, tão séria e amplamente e, muito menos, simbolicamente, esses conceitos de "puro" e "impuro": todos

---

*Tanto *bellum* quanto *duellum*, no latim, significam "guerra". *(N. do E.)*

os conceitos da humanidade mais antiga foram entendidos – em medida quase inconcebível para nós – originariamente como toscos, rudes, superficiais, estreitos, e, em particular *não simbólicos*. O "puro" é, a princípio, apenas um homem que se lava, se proíbe certos alimentos causadores de doenças da pele, não dorme com mulheres impuras do povo inferior, tem horror a sangue – e não mais, não muito mais! Sem dúvida, a índole de uma aristocracia essencialmente sacerdotal deixa claro por que as antíteses de valores logo puderam interiorizar-se e exacerbar-se de modo perigoso logo aqui; com efeito, por meio dessa antítese foram abertos, por fim, abismos entre homem e homem, sobre os quais nem um Aquiles do livre-pensamento poderia saltar sem calafrio. Já no princípio há algo *doentio* em tais aristocracias sacerdotais e nos hábitos nelas dominantes, que são desviados da ação, e em parte incubam, em parte criam sentimentos explosivos, resultando naquela forma de patologia e neurastenia intestinais quase inevitavelmente inerentes aos sacerdotes de todas as épocas; porém, o que foi criado por eles próprios como remédio para tal patologia – não se mostrou ao fim, devemos dizê-lo, cem vezes mais perigoso em seus efeitos do que a doença que deveria curar? A própria humanidade ainda sofre pelos efeitos de tais ingenuidades da cura sacerdotal! Pensemos, por exemplo, em certas formas de dieta (abstenção de carne), o jejum, a abstinência sexual, a fuga "para o deserto" (o isolamento prescrito por Weir Mitchell, certamente sem a subsequente cura por engorda e superalimentação, que são o antídoto mais eficaz em toda a histeria do ideal ascético); acrescente-se toda a metafísica hostil aos sentidos, que produz indolentes e refinados, sua auto-hipnose à maneira dos faquires e brâmanes – Brahma empregado como botão de vidro e ideias fixas – e isso, afinal, apenas para o compreensível e geral saciar-se com a cura radical, o *nada* (ou Deus – a aspiração por uma *unio mystica* com Deus é a aspiração do budista pelo nada, pelo nirvana – e nada mais!). Com os sacerdotes, *tudo* se torna de fato mais perigoso, não só os meios de cura e a medicina, mas também o orgulho, a vingança, a perspicácia, a libertinagem, o amor, o despotismo, a virtude e a doença; também se poderia acrescentar, com certa justiça, que apenas sobre o solo dessa forma *essencialmente perigosa* da existência humana, a sacerdotal, o homem se tornou um *animal interessante*; que só então a alma humana alcançou *profundidade* em sentido superior e se tornou *má* – e estas são as duas formas básicas da superioridade do homem sobre os outros animais!...

7.

– Você já terá agora decifrado como o modo de avaliação sacerdotal pode derivar daquele da cavalaria-aristocrática, podendo então seguir desenvolvendo como o seu oposto; para tanto, há um incentivo especial a cada vez que as castas dos sacerdotes e dos guerreiros se enfrentam nos respectivos fervores, não chegando a um acordo quanto ao preço a pagar. A estruturação de valores da cavalaria-aristocrática tem como pressuposto um físico poderoso, saúde florescente, rica, ou mesmo exuberante, associada àquilo de que depende sua conservação: guerra, aventura, caça, dança, torneios e principalmente tudo o que contém atividades fortes, livres e jubilosas. A maneira sacerdotal-aristocrática de avaliação tem – conforme vimos – outros critérios: ruins o bastante para ela quando se trata de uma situação de guerra! Os sacerdotes são, como sabemos, os inimigos *mais cruéis* – mas por quê? Porque são os mais impotentes. O ódio cresce neles pela impotência, monstruosa e inquietantemente, no plano mais espiritual e venenoso. Os maiores odiadores da história mundial, e também os mais brilhantes, sempre foram os sacerdotes: o espírito de ninguém tem chance contra o espírito da vingança sacerdotal. A história humana seria demasiado estúpida sem o espírito vindo dos impotentes – mostremos logo o maior dos exemplos. Tudo o que foi feito sobre a Terra contra "os nobres", "os poderosos", "os senhores" e "os déspotas" é de pouca importância em comparação ao que foi feito contra eles pelos *judeus*, esse povo sacerdotal, que por fim só soube alcançar o contentamento ante os inimigos e dominadores pela radical tresvaloração dos valores de tais oponentes, portanto por meio de um ato da *mais espiritual vingança*. Só assim pareceria adequado a um povo sacerdotal, ao povo com a mais refreada sede de vingança sacerdotal. Foram os judeus que arriscaram ir contra a equação aristocrática dos valores (bom = nobre = poderoso = belo = feliz = abençoado), com uma consistência apavorante e com os dentes do ódio mais incomensurável (o ódio da impotência): "Só os míseros são os bons, os pobres, impotentes, os inferiores são os bons; os sofredores, carentes, doentes, feios são também os únicos devotos, os únicos abençoados, só para eles há salvação, enquanto vocês, nobres e poderosos, serão os maus por toda a eternidade, cruéis, lascivos, insaciáveis, ímpios, vocês também serão eternamente desgraçados, excomungados e malditos!"... Sabe-se *quem* administrou essa herança da tresvaloração judaica... Recordo, a esse respeito, a iniciativa monstruosa e fatal acima de todas as medidas, levada a cabo pelos judeus com a mais básica de todas as declarações de guerra, a frase que escrevi em outra oportunidade (*Para além do bem e do mal*, pág. 107) – de que com os judeus se iniciou a *insurreição dos escravos no campo da moral*: rebelião que tem uma história de dois mil anos e que hoje nos foge aos olhos, apenas porque – triunfou...

8.

– Vocês, porém, não compreendem? Não têm olhos para algo que precisou de dois milênios para chegar à vitória?... Não há o que se admirar nisso: todas as coisas *prolongadas* são difíceis de ver, de ver por inteiro. E este é o fato: do tronco dessa árvore da vingança e do ódio, do ódio judaico –, do ódio mais profundo e sublime, que chega a criar ideais, transformar valores, que jamais teve igual sobre a Terra – surgiu algo igualmente incomparável, um *novo* amor, o mais profundo e sublime de todos os tipos de amor: – e de que outro tronco poderia ele ter brotado?... Mas não se pense que brotou talvez como a verdadeira negação dessa sede de vingança, como a antítese do ódio judaico! Não, o contrário é a verdade! Tal amor surgiu fora desse ódio, como sua coroa, uma coroa triunfante, se expandindo na mais pura claridade e ensolarada, uma coroa que, no reino da luz e da altura, perseguiu as metas desse ódio, perseguiu a vitória, o espólio, a sedução, com o mesmo afã com que as raízes do ódio mergulhavam sempre mais completa e avidamente em tudo que possuísse profundidade e fosse mau. Esse Jesus de Nazaré como a personificação do evangelho do amor, esse "redentor" trazendo a salvação e a vitória para os pobres, doentes e pecadores – não teria sido precisamente ele a sedução em sua mais sinistra e irresistível forma, a sedução e o desvio exatamente para aqueles valores e ideais inovadores *judaicos*? Israel não teria alcançado, por meio desse "redentor", desse seu opositor e desagregador aparente, a derradeira meta de sua sublime sede de vingança? Não é próprio da secreta magia negra uma política de vingança verdadeiramente *grande*, vingança de visão longa, subterrânea, lenta e premeditada, em que mesmo Israel, posando de inimigo mortal, negue o verdadeiro instrumento de sua vingança diante de todos, tratando-o como inimigo mortal e pregando-o na cruz, de maneira que "o mundo inteiro", ou seja, todos os inimigos de Israel, pudesse sem receio morder essa isca? Por outro lado, seria possível, com base em todo o refinamento do espírito, conceber tipo mais *perigoso* de isca? Algo que se igualasse à sedutora, extasiante, atordoante e corrupta força desse símbolo da "cruz sagrada", desse terrível paradoxo de um "Deus na cruz", desse mistério de um ato final de crueldade extrema inconcebível e autocrucificação de Deus para a *salvação da humanidade*?... Certamente, no mínimo, Israel *sub hoc signo** sempre vem triunfando em sua desforra e transvaliação de todos os valores, sobre todos os outros ideais, todos os ideais *mais nobres*. –

9.

– Mas por que ainda discorres sobre os ideais *mais nobres*?! Vamos nos ater aos fatos: o povo venceu – ou "os escravos", ou "os plebeus", ou "o rebanho", ou como queiras chamá-los – se isso ocorreu por meio dos judeus, muito bem! Jamais um povo teve maior missão na história mundial. "Os senhores" estão liquidados; a moral do homem comum venceu. Ao mesmo tempo, essa vitória poderia ser encarada como um envenenamento do sangue (ela misturou as raças entre si). – Eu não contesto; porém, sem dúvida, essa intoxicação foi *bem-sucedida*. A "redenção" do gênero humano (ou seja, quanto aos "senhores") está no melhor caminho; tudo se judaíza, cristianiza, plebeíza a olhos vistos! (Que importam as palavras!) A marcha desse envenenamento por todo o corpo da humanidade parece irresistível, seu ritmo e seu passo, de agora em diante, podem até ser sempre mais lentos, suaves, inaudíveis e atilados – há tempo de sobra... Nesse contexto, cabe hoje à Igreja alguma missão *necessária*, ou mesmo razão de existir? Ou se poderia prescindir dela? *Quaeritur***. Não parece que ela contém e estorva essa

*"Sob este signo". *(N. do T.)*
**"Pergunta-se". *(N. do T.)*

marcha, em vez de acelerá-la? Bem, essa poderia ser sua exata utilidade... Certamente a Igreja se torna, afinal, algo tosco e rústico, que vai contra uma inteligência mais sutil e um gosto de fato mais moderno. Não deveria, ao menos, refinar-se um pouco?... Hoje ela aliena mais do que seduz... Qual de nós, porventura, viria a ser um livre-pensador se não existisse a Igreja? É ela que nos repugna, não o seu veneno... "Igreja à parte, nós também apreciamos o veneno..." – Este é o epílogo de um "livre-pensador" para meu discurso, de um honrado animal, conforme ficou bem evidenciado e, além do mais, um democrata; ele me escutara até aqui e não suportou ouvir-me calar. É que, para mim, neste ponto, há muito o que silenciar. –

10.

– A revolta dos escravos no plano da moral começa quando o próprio ressentimento se torna criativo e concebe valores: o ressentimento desses seres, aos quais a verdadeira reação, a da ação, é negada, e que se mantêm incólumes somente por meio de uma vingança imaginária. Enquanto toda moral nobre brota de um triunfante Sim a si própria, a moral do escravo diz, desde o princípio, Não ao que é "de fora", um "outro", um "não eu" – e esse Não é o seu ato criativo. Tal inversão do olhar que estabelece valores – esse direcionamento *essencial* ao exterior, em lugar de voltar a si mesmo – provém do ressentimento: para surgir, a moral do escravo necessita primeiro de um mundo opositor e exterior, precisa, fisiologicamente falando, de estímulos exteriores para enfim atuar – sua ação é basicamente a reação. Na avaliação dos valores nobres ocorre o contrário: ela age e cresce espontaneamente, procurando seus opostos apenas para, ainda mais agradecida, mais jubilosa, dizer Sim a si própria – seu conceito negativo de "vulgar", "comum" e "ruim" é apenas uma pálida imagem de contraste, nascida mais tarde, do seu conceito básico positivo, inteiramente impregnado de vida e paixão, nós, os nobres, os bons, os belos, os felizes!" Quando a avaliação nobre se equivoca e peca contra a realidade, isso ocorre em relação à esfera que não lhe é familiar, contra cujo conhecimento real ela se coloca em rígida defensiva: em algumas circunstâncias, não compreende a esfera por ela desprezada, a do homem comum, das camadas inferiores; por outro lado, consideremos que, do sentimento do desprezo, do olhar de cima para baixo, do olhar de superioridade, supostamente *falseie* a imagem do desprezado, nem de longe chegará à falsificação com que o ódio reprimido e a vingança do impotente atentaram contra seus adversários – *in effigie**, naturalmente. Na verdade, no desprezo se mesclam demasiada negligência, desvio de olhar e impaciência, e mesmo demasiada euforia pessoal, como se ele estivesse em condição de converter seu alvo em verdadeira caricatura e monstro. Não deixemos de perceber os matizes quase benévolos que, por exemplo, a nobreza grega colocou em todas as palavras com que distinguia a gente comum de si; como continuamente uma espécie de piedade, consideração e tolerância a elas se mistura, açucarando-as, até que por fim quase todas as palavras referentes ao homem comum sirvam como expressões para infeliz, digno de dó (compare δειλός, δείλαιος, πονηρός, μοχθηρός**, as duas últimas verdadeiros distintivos para o homem comum na condição de escravo e animal de carga). – E como, por outro lado, "ruim", "inferior" e "infeliz" nunca deixaram de soar aos ouvidos gregos com *um* tom único, com timbre no qual predomina "infeliz": isso como herança do antigo modo de avaliação nobre e aristocrática, que também não nega a si no desprezo (que os filólogos se lembrem em que sentido

---

*De maneira simbólica.

**Respectivamente: medroso, covarde, vil e mísero. *(N. do T.)*

eram empregadas as palavras οἰζυρός, ἄνολβος, τλήμων, δυστυχεῖν, ξυμφορά*). Os "bem-nascidos" se sentem como "os felizes"; eles não tinham de construir sua felicidade de modo artificial olhando para seus inimigos e, às vezes, persuadir-se dela, *menti-la para si*, (como costumam fazer todos os homens do ressentimento); da mesma maneira, por serem homens plenos, cheios de força e, portanto, *necessariamente* ativos, não sabiam separar a felicidade; o estar ativo era para eles uma necessidade inerente à felicidade (tem origem em εὖ πράττειν**) – tudo isso oposto da "felicidade" no plano dos impotentes, dos oprimidos, dos corroídos por sentimentos venenosos e hostis, nos quais ela se manifesta essencialmente como narcose, entorpecimento, descanso, paz, *sabbat*, apaziguamento de ânimo e relaxamento dos membros, em suma, de maneira *passiva*. Enquanto o homem nobre vive em confiança e sinceridade consigo mesmo (γενναῖος***, ressalta um matiz de "sincero", sem dúvida, também de "ingênuo"), assim o homem do ressentimento não é sincero, ingênuo, honesto nem direto consigo. Sua alma *olha de soslaio*; seu espírito gosta dos refúgios, dos caminhos tortuosos e saídas de emergência, tudo que é oculto lhe parece seu mundo, sua segurança, seu consolo; ele compreende a tática do silenciar, do não esquecer, do esperar, assim como de momentaneamente se apequenar e se humilhar. Uma raça de tais homens do ressentimento será, por fim, necessariamente mais inteligente do que qualquer raça nobre, e também honrará a inteligência em medida inteiramente diferente: ou seja, como condição existencial de primeiro grau, enquanto que, entre os homens nobres,

---

*Respectivamente: miserável, desgraçado, resignado e infortunado *(N. do T.)*

**Estar bem, fazer bem. *(N. do T.)*

***De nascimento nobre. *(N. do T.)*

a inteligência facilmente apresenta delicado ressaibo de luxo e refinamento – precisamente nesse meio ela não é tão essencial como a perfeita segurança de funcionamento dos instintos reguladores *inconscientes*, ou mesmo certa falta de inteligência, algo como a valorosa precipitação, seja ante um perigo ou inimigo ou àquela instantaneidade entusiástica da ira, amor, veneração, gratidão e vingança, que caracterizou as almas nobres em todos os tempos. O próprio ressentimento do homem nobre, quando surge, manifesta-se e se esgota em uma reação imediata e, por decorrência, não *envenena*: por outro lado, não se exterioriza em absoluto, nos incontáveis casos nos quais é inevitável sua aparição nos fracos e impotentes. A incapacidade de levar a sério por muito tempo seus inimigos, suas desgraças e seus *malfeitos* – essa é a marca de todas as naturezas fortes e plenas, nas quais há excesso de força plástica, remodeladora, regeneradora, força que também promove o esquecimento (Mirabeau é um bom exemplo dela no mundo moderno; não tinha qualquer memória para insultos e infâmias que lhe lançavam e não podia perdoá-los, simplesmente porque – esquecia). O homem assim afasta, de *um* só golpe, muitos vermes que se aprofundam nos demais; só assim é possível outra coisa, supondo que ela seja de fato possível sobre a Terra, o verdadeiro "amor aos inimigos". Quanto respeito pelos inimigos tem o homem nobre! – E tal respeito já é uma ponte para o amor... Ele anseia pelo inimigo como distinção sua, ele não suporta qualquer outro inimigo senão aquele em quem nada há para desdenhar, mas *muitíssimo* para honrar! Por outro lado, imaginemos "o inimigo" pela concepção do homem do ressentimento – e precisamente nele reside seu feito, sua criação: ele concebeu o "inimigo mau", o "mau", como o conceito fundamental a partir do qual elabora então um "bom", como imagem posterior e antítese – ele próprio!...

11.

É precisamente o oposto ao nobre, que concebe o conceito fundamental de "bom" antecipada e espontaneamente, ou seja, o concebe com base em si mesmo e só a partir daí chega a uma noção de "ruim"! Esse ruim (*schlecht*) de procedência nobre e aquele mau (*böse*) saído do caldeirão do ódio insaciado – o primeiro, uma criação posterior, um acessório, uma cor complementar; o segundo, ao contrário, o original, o início, o verdadeiro *feito* na concepção de uma moral de escravos – como são diferentes os conceitos aparentemente iguais de "mau" e "ruim" quando confrontados à palavra "bom"! Mas não se trata do mesmo conceito de "bom": questiona-se, ao contrário, *quem* é realmente "mau" no critério da moral do ressentimento. Respondendo com todo o rigor: é *precisamente* o "bom" da outra moral, o nobre, o poderoso, o dominante, apenas pintado novamente, interpretado e visto às avessas pelo olho venenoso do ressentimento. Aqui há um aspecto que de modo algum queremos negar: quem conheceu somente esses "bons" como inimigos, nada conheceu *inimigos maus*, e esses mesmos homens, refreados de modo tão rigoroso pelo costume, respeito, hábito e gratidão, e mais ainda pela vigilância mútua, pelo zelo à relação *inter pares**, e que por outro lado se mostram tão inventivos em respeito, autodomínio, ternura, fidelidade, orgulho e amizade – situam-se em plano não muito melhor que o das feras errantes, lá onde surge outra terra, o estrangeiro. Desfrutam aí de liberdade com relação a todas as obrigações sociais, na floresta se livram da tensão provocada por prolongada reclusão e cerceamento da paz na sociedade, e retornam então à inocência da consciência da fera, como monstros exuberantes que talvez deixem atrás de si a pavorosa sucessão de mortes, incêndios devastadores, perdas e torturas com igual

---

*Entre iguais. *(N. do. T.)*

travessura e tranquilidade de espírito à dos participantes de uma patuscada estudantil, convictos de que os poetas terão outra vez algo para cantar e recitar por muito tempo. Mostra-se impossível desconhecer, no cerne de todas essas raças, a fera, a magnífica *besta loura*, que vagueia ávida de presas e vitórias; de tempos em tempos esse cerne oculto precisa de uma desafogo, o animal deve sair, deve retornar à floresta – as nobrezas romana, árabe, germânica e japonesa, os heróis homéricos e vikings escandinavos – no tocante a essa necessidade são todos iguais. As raças nobres são as que legaram o conceito de "bárbaro" à sua passagem; mesmo nos graus mais elevados de cultura, revela-se essa consciência, até mesmo orgulho (quando, por exemplo, Péricles diz aos atenienses, na célebre oração fúnebre: "A nossa audácia rompeu caminho em todas as terras e mares, erigindo monumentos imperecíveis em toda parte, *no bem e no mal*"). Essa "audácia" das raças nobres, manifesta de maneira insensata, absurda, repentina, esse elemento imprevisível e até inverossímil dos seus empreendimentos – Péricles salienta com distinção a ῥαθυμία* dos atenienses – sua indiferença e desprezo à segurança, ao corpo, à vida, ao bem-estar, sua terrível alegria e profundo prazer em destruir tudo, em toda a voluptuosidade da vitória e da crueldade – tudo isso representou a imagem de "bárbaro", de "inimigo mau", como de "godo" e "vândalo", para as vítimas desse procedimento. A profunda e gélida desconfiança que desperta o alemão logo que chega ao poder, mesmo hoje – é ainda resultado do indelével terror com o qual a Europa, ao longo dos séculos, assistiu à fúria da besta loura germânica (embora entre os antigos germânicos e nós, alemães, mal exista parentesco de conceitos e menos ainda sanguíneo). Certa vez chamei atenção para o embaraço de Hesíodo, quando refletia sobre a sucessão de épocas culturais, procurando exprimi-las em termos de Ouro, Prata e Bronze:

*Despreocupação. *(N. do T.)*

não soube solucionar a contradição que lhe oferecia o mundo de Homero, tão magnífico, mas igualmente terrível e violento, e assim dividiu a época em duas, a partir de então tornando-as consecutivas – primeiro, a era dos heróis e semideuses de Troia e Tebas, tal como esse mundo permanecera na memória das raças nobres que tinham nele os seus antecessores; depois, a era do bronze, tal como aquele mesmo mundo se apresentava aos descendentes dos pisoteados, despojados, maltratados, deportados e vendidos: como uma idade de bronze, conforme dissemos – dura, fria, cruel, sem sentimentos ou consciência, idade que a tudo esmaga e suja de sangue. Supondo verdadeiro o que se considera hoje como "verdade", ou seja, que o *sentido preciso de toda cultura* é criar um animal manso e civilizado, um animal *doméstico*, a partir do predador "homem", deveríamos, então, indubitavelmente, considerar todos esses instintos de reação e ressentimento com a ajuda dos quais as raças nobres e seus ideais foram tornados, por fim, vergonhosos e sobrepujados, como os verdadeiros *instrumentos da cultura*; com o que, com certeza, não se diz que os *portadores* desses instintos representam também a cultura. Ao contrário, o oposto não seria apenas provável – não! Hoje ele *é evidente*! Esses portadores dos instintos opressores e ávidos por vingança, os descendentes de toda a escravidão europeia e não europeia, em especial de toda a população pré-ariana – representam o *retrocesso* da humanidade! Esses "instrumentos da cultura" são uma vergonha para o ser humano, representando antes uma suspeita e um contra-argumento à "cultura" em geral! Pode-se estar no melhor dos direitos quando, ante a besta loura existente no fundo de todas as raças nobres, o medo não se dissipa e sim toma medidas cautelares: mas quem não preferiria temer cem vezes mais, podendo admirar ao mesmo tempo, em vez de *não* temer mais, sem poder estar livre do repulsivo aspecto dos desqualificados, apequenados, atrofiados e envenenados? Não é essa a *nossa* fatalidade? O que promove hoje nossa antipatia contra o "homem"? – pois nós *sofremos* por ele, não há dúvida. *Não* é o medo, mas, inversamente, o fato de que nada mais temos a temer nos homens; porque o verme "homem" ocupa o primeiro plano e se multiplica; porque o "homem manso", o incuravelmente medíocre e desagradável, já aprendeu a se sentir como meta e culminância, como o símbolo da história, como "homem elevado" – ele tem certa razão para se sentir assim, desde que se sinta a distância dos excessos dos mal constituídos, doentios, fatigados e decrépitos, devido aos quais a Europa começa hoje a feder, portanto ele é algo ao menos relativamente bem constituído, ao menos ainda viável, ao menos diz "sim" à vida...

12.

– Neste ponto não posso reprimir um suspiro e uma última certeza. O que é, para mim, completamente insuportável? Algo de que só eu não me consigo livrar, que me sufoca e me faz desmaiar? Ar ruim! Ar ruim! É como se algo deteriorado viesse para perto; é como se tivesse de cheirar as entranhas de uma alma em decomposição!... O que, por outro lado, não se suporta diante da necessidade, privação, mau tempo, enfermidade, labuta e solidão? Basicamente, nos sobrepomos a tudo o mais, ao nascermos para uma existência subterrânea e combativa; sempre voltamos novamente à luz, sempre vivenciamos novamente o dourado momento da vitória – e então lá estamos, conforme nascemos, inquebrantáveis, tensos, prontos para o novo, para o ainda mais difícil e distante, como um arco que toda necessidade só retesa ainda mais. – Porém, de tempos em tempos – supondo que existam padroeiras celestiais além do bem e do mal –, concedam-me um olhar, *um único* olhar com que eu possa vir a achar algo perfeito, algo de fato bem-sucedido, feliz, poderoso, triunfante, no qual ainda haja algo a ser temido! O olhar sobre um homem que justifique o homem, sobre o feliz acaso do homem, complementar e salvador, por cuja existência se possa manter a *fé no homem*!... Pois assim são as coisas: a apequenação e o nivelamento do homem europeu abrigam o nosso maior perigo, pois esse panorama traz o cansaço... Hoje nada vemos que queira se tornar algo maior, suspeitamos que tudo declina. Descende, se torna menor, mais plácido, medíocre, indiferente, chinês e cristão – o homem, sem dúvida, se torna sempre "melhor"... Precisamente aí reside o destino da Europa – ao perdermos o temor pelo homem, perdemos também o amor por ele, a veneração por ele, a esperança depositada nele e mesmo o anseio por ele. De agora em diante o aspecto do homem traz o cansaço – o que é hoje o niilismo senão *isto*?... Nós estamos *cansados* do homem...

13.

– Vamos retroceder, porém: o problema da *outra* origem do "bom", tal como o concebeu o homem do ressentimento, exige sua conclusão. – Que os cordeiros detestem as grandes aves de rapina não é de estranhar: mas não há qualquer fundamento para censurar tais aves por capturarem pequenos cordeiros. Se os cordeiros dizem entre si, "essas aves de rapina são más; e quem for o menos parecido possível com uma ave de rapina, sendo o oposto a ela, um cordeiro – não deverá este ser bom?", nada há a contestar nesta construção de ideal, exceto que as aves de rapina olharão para isso um pouco ironicamente, talvez dizendo a si próprias: "*Nós* não temos qualquer coisa, contra esses bons cordeiros, na verdade os amamos: nada é mais saboroso que um delicado cordeiro." – Exigir da força que *não* se exprima como força, que *não* seja desejo de dominação, de derrubar, de se tornar mestre, alimentar sede por inimigos, oposição e triunfos, é tão absurdo como exigir da fraqueza que se manifeste como força. Um *quantum* de força equivale a um mesmo *quantum* de impulso, vontade e ação – mais ainda, nada mais é que esse mesmo impulso, vontade e ação e somente sob a sedução da linguagem (e dos erros mais fundamentais da razão, petrificados na linguagem), a qual compreende, e compreende mal, que todo o fazer está condicionado por um agente, um "sujeito", é que pode parecer diferente. Ou seja, da mesma maneira que o povo separa o relâmpago do clarão, tomando o último como *ação*, como efeito de um sujeito chamado raio, assim a moral do povo também separa a força das manifestações da força, como se por trás dos fortes houvesse um substrato indiferente que tivesse *liberdade* para manifestar força ou não. Mas não existe tal substrato; não há qualquer "ser" por trás do agir, do atuar, do tornar-se; o "agente" foi simplesmente acrescentado ao agir; o agir é tudo. Na verdade, o povo duplica o agir; quando pensa que o relâmpago lança um clarão, tal equivale à ação da ação: coloca-se o mesmo fenômeno como causa e, depois, como efeito. Os homens das ciências naturais não fazem melhor quando dizem: "A força move, a força causa" e frases parecidas, – toda a nossa ciência ainda permanece, apesar de sua frieza de sua liberdade quanto à paixão, sob a sedução da linguagem e não se livrou dos filhos falsos nela infiltrados, dos "sujeitos" (um desses filhos falsos é, por exemplo, o átomo, assim como a "coisa em si" de Kant): não espanta que as paixões de desforra, ódios fugidios e secretamente ardentes, utilizem essas crenças para si, não mantendo qualquer forma de fé mais ardente que o *forte é livre para ser fraco* e a ave de rapina, livre para ser cordeiro – assim, adquirem o direito de considerar tal ave *responsável* por ser rapinante... Quando os oprimidos, espezinhados e violentados, movidos pela vingativa astúcia da impotência, dizem uns aos outros: "Sejamos o oposto dos maus, isto é, bons! E bom é todo aquele que não violenta, não fere, não ataca, não retalia, que entrega a vingança a Deus, se mantém oculto como nós, que afasta todo o mal do caminho e, sobretudo, exige pouco da vida, assim como nós, os pacientes, humildes e justos" – isso significa, ouvindo friamente e sem parcialidade, nada mais que: "Nós, fracos, somos somente fracos; convém que não façamos nada *para o qual não somos suficientemente fortes*" – porém, essa amarga realidade dos fatos, essa esperteza do mais baixo grau, possuída até pelos insetos (pois se fazem prontamente de mortos para não "agir demais" nos casos de grande perigo), revestiu-se, graças a toda a arte de falsificação e auto-hipocrisia da impotência, com o esplendor da virtude renunciante, calma e paciente, como se a própria fraqueza do fraco – isto é, a sua *essência*, sua atuação, toda a sua realidade única, inevitável, irremissível – fosse obra voluntária, algo desejado, escolhido, uma *ação* e um *mérito*. Por instinto de autoconservação e autoafirmação que costuma santificar toda mentira, esse tipo de homem *necessita* crer num "sujeito" indiferente e livre para escolher. O sujeito (ou, falando de modo mais popular, a *alma*) tem sido, até agora, talvez o melhor dogma sobre a face da Terra, pois possibilitou à multidão dos mortais, fracos e oprimidos de todo tipo essa sublime espécie de autoilusão, explicando a própria fraqueza como forma de liberdade, e seu ser-assim e assim-ser como *mérito*.

14.

– Alguém desejaria examinar, um pouco, o mistério de como se *fabricam ideais* sobre a Terra? Quem tem coragem para tanto?... Vamos, então! Aqui se franqueia o olhar sobre essa oficina escura. Espere apenas um momento, senhor Curioso e Temerário: seus olhos devem se habituar antes a essa falsa luz cambiante... Assim! Já basta! Fale agora! O que ocorre lá embaixo? Descreva o que está vendo, homem da mais perigosa curiosidade – agora sou *eu* quem ouve.

– "Nada vejo, porém assim ouço melhor. Há um cauteloso, malicioso e suave murmurar e cochichar de todas as esquinas e cantos. Parece-me que se mente; uma suavidade açucarada se prende a todos os sons. A fraqueza é mentirosamente transformada em *mérito*, sem dúvida – é assim como você diz." –

– Prossiga!

– "E a impotência que não retalia se transforma em 'bondade'; a baixeza temerosa, em 'humildade'; a submissão diante daqueles que odeiam, em 'obediência' (ou seja, em alguém que, segundo eles, impõe tal submissão – é chamado de Deus). A inofensividade do fraco, a própria covardia em que é rico, seu estar aguardando à porta, seu inevitável ter- de-esperar, recebem belo nome, o de 'paciência', também chamada, *a* virtude; o não-poder-se-vingar é chamado não- querer-se-vingar, e talvez até de perdão ('pois *eles* não sabem o que fazem* – só nós sabemos o que *eles* fazem!'). Falam também do 'amor aos inimigos' – e, com isso, suam."

– Prossiga!

– "São miseráveis, sem dúvida, todos esses murmuradores e falsificadores, mesmo que se aqueçam acocorando-se na proximidade uns dos outros – porém, eles dizem que seu sofrimento é uma escolha e condecoração divina, afinal, as pessoas surram os cães dos quais mais gostam"; talvez esse sofrimento seja também uma preparação, um teste, treinamento, talvez seja ainda mais – algo que acabará por obter recompensa e será pago com imensos rendimentos em ouro; não! Em felicidade. Chamam isso 'a bem-aventurança'."

– Prossiga!

– "Agora eles me dão a entender que não são apenas melhores que os poderosos, os senhores da Terra cujo escarro têm de lamber (*não* por medo, não é em absoluto por medo! Mas porque Deus ordena que respeitem toda a autoridade)** – de modo que são, não apenas os melhores, mas também têm 'uma vida melhor', ou certo dia, pelo menos, terão. Mas chega! Chega! Não aguento mais. Que ar ruim! Que ar ruim! Essa oficina onde se *fabricam* ideais – a mim parece que fede por tantas mentiras."

---

*Referência a *Lucas*, 23-24. (*N. do E.*)

**Referência a *Romanos*, 13: 1 - 2. (*N. do E.*)

– Não! Espere um momento! Você ainda não falou sobre a obra-prima desses negros artistas que fabricam brancura, leite e inocência a partir de tudo que é negro – você não notou o que constitui sua perfeição em refinamento, seu mais ousado, sutil, engenhoso e mentiroso estratagema de mestre? Cuidado! Esses animais de porão, cheios de vingança e ódio – em que transformam vingança e ódio? Ouviu alguma vez estas palavras? Você respeitaria, caso confiasse apenas nas palavras deles, que estaria entre meros homens do ressentimento?...

– "Compreendo, vou abrir de novo os ouvidos (ah! e tapar o nariz). Só agora ouço o que já diziam antes, com tanta frequência: 'Nós, os bons – *nós somos os justos*' – o que exigem não chamam desforra, mas 'o triunfo da *justiça*'; o que odeiam não é seu inimigo, absolutamente! Odeiam a 'injustiça', o 'ateísmo'; o que acreditam e esperam não é a esperança da vingança, a embriaguez da doce vingança (– 'mais doce do que o mel', como Homero a chamou), mas a vitória de Deus, dos *justos* sobre os ateus; o que lhes resta para amar sobre a Terra não são seus irmãos no ódio, mas seus 'irmãos no amor', todos os bons e justos da Terra, ao que dizem."

– E como chamam o que lhes serve de consolo contra todo o sofrimento da vida – sua fantasmagoria da antecipada bem-aventurança futura?

– "Como? Eu ouvi bem? Eles chamam isso de 'o Juízo Final', o advento do reino *deles*, o 'Reino de Deus' – *por enquanto*, contudo, vivem 'na fé', 'no amor' e 'na esperança'."

– Basta! Basta!

15.

Fé em quê? Amor a quê? Esperança de quê? – Esses fracos – na verdade, eles também querem ser os fortes e, sem dúvida, em determinada ocasião o seu "reino" também deverá chegar – como dissemos, eles o chamam, entre si, simplesmente de "o Reino de Deus": são tão humildes em tudo! Para presenciar *isto*, é necessário viver muito tempo, além da morte – sim, é preciso a vida eterna para se poder ser recompensado também eternamente, no "Reino de Deus", por essa vida terrena "na fé, no amor e na esperança". Recompensa por quê? E com quê?... Dante, ao que me parece, se enganou grosseiramente quando, com ingenuidade de fazer medo, colocou aquela inscrição sobre o portão de seu inferno: "O amor eterno também me criou*": – sobre o portão do paraíso dos cristãos e de sua "eterna bem-aventurança" deveria estar, por melhores razões, a inscrição: "O *ódio* eterno também me criou" – supondo que se coloque uma verdade sobre o portão que dá para uma mentira! Pois *o que* é a bem-aventurança daquele paraíso?... Nós já adivinharíamos, talvez; porém, é melhor nos atermos expressamente a alguém cuja autoridade no assunto não pode ser negada, Tomás de Aquino, grande professor e santo: *Beati in regno coelesti*, diz ele, manso como um cordeiro, *videbunt poenas damnatorum, ut beatitudo illis magis complaceat***. Ou se deseja ouvir tais coisas em tom mais forte, talvez da boca de um triunfante pai da Igreja, que desaconselha a seus cristãos as terríveis licenciosidades dos espetáculos públicos – mas por quê? "A fé nos proporciona muito mais" – diz ele, *De Spetaculis. c. 29 ss.* –, "algo *muito mais forte*; graças à redenção, dispomos, com efeito, de alegrias inteiramente diferentes; no lugar dos atletas temos os nossos mártires; queremos sangue bom, temos então o sangue de Cristo... Mas vejam o que nos es-

---

*"*Fecemi la divina potestate/ La somma sapienza e'l primo amore*" (Dante, *Divina Commedia*, "Inferno", III, 5-6). *(N. do E.)*

**Os abençoados no reino dos céus verão as penas dos danados, para que sua bem-aventurança lhes ofereça maior satisfação. *(N. do E.)*

pera no dia de seu retorno, o dia de seu triunfo!" – e aí ele, o visionário arrebatado, prossegue:

> *At enim supersunt alia spectacula, ille ultimus et perpetuus judicii dies, ille nationibus insperatus, ille derisus, cum tanta saeculi vetustas et tot ejus nativitates uno igne haurientur. Quae tunc spectaculi latitudo! Quid admirer! Quid rideam! Ubi gaudeam! Ubi exultem, spectans tot et tantos reges, qui in coelum recepti nuntiabantur, cum ipso Jove et ipsis suis testibus in imis tenebris congemescentes! Item praesides* (os governadores provinciais) *persecutores dominici nominis saevioribus quam ipsi flammis saevierunt insultantibus contra Christianos liquescentes! Quos praeterea sapientes illos philosophos coram discipulis suis una conjlagrantibus erubescentes, quibus nihil ad deum pertinere suadebant, quibus animas aut nullas aut non in pristina corpora redituras affirmabant! Etiam poëtàs non ad Rhadamanti nec ad Minois, sed ad inopinati Christi tribunal palpitantes! Tunc magis tragoedi audiendi, magis scilicet vocales* (quanto melhor a voz, maiores os gritos) *in sua propria calamitate; tunc histriones cognoscendi, solutiores multo per ignem; tunc spectandus auriga in flammea rota totus rubens, tunc xystici contemplandi non in gymnasiis, sed in igne jaculati, nisi quod ne tunc quidem illos velim vivos, ut qui malim ad eos potius conspectum insatiabilem conferre, qui in dominum desaevierunt: "Hic est ille, dicam, fabri aut quaestuariae filius* (como mostra tudo o que se segue e, principalmente, essa conhecida referência à mãe de Jesus, extraída do Talmud, a partir daqui Tertuliano se refere aos judeus), *sabbati destructor, Samarites et daemonium habens: Hic est, quem a Juda redemistis, hic est ille arundine et colaphis diverberatus, sputamentis dedecoratus, felle et aceto potatus. Hic est,*

quem clam discentes subripuerunt, ut ressurrexisse dicatur vel hortulanus detraxit, ne lactucae suae frequentia commeantium laederentur." Ut talia spectes, ut talibus exultes, quis tibi praetor aut consul aut quaestor aut sacerdos de sua liberalitate praestabit? Et taen haec jam habemus quodammodo per fidem spiritu imaginante repraesentata. Ceterum qualia illa sunt; quae nec oculus vidit nec auris audivit nec in cor hominis ascenderunt? (I Cor. 2,9.) Credo circo et utraque cavea (primeira e quarta fila ou, segundo outros, cena cômica e trágica) *et omni stadio gratiora." Per fidem*: assim está escrito.*

16.

Vamos concluir. Os dois valores *contrapostos*, "bom e ruim" e "bom e mau", travaram terrível e milenar luta sobre a Terra; e, embora seja fato que desde muito o segundo valor prevaleceu, ainda não faltam os pontos em que essa luta indefinida prosseguirá. Você poderia até dizer que, nesse meio tempo, ela foi levada a plano cada vez mais alto e, justamente por isso, tornou-se mais profunda, mais espiritual: dessa maneira talvez não exista hoje insígnia mais nítida da "*natureza superior*", da natureza mais espiritual, do que ser ambivalente nesse sentido, um campo de batalha para esses antagonismos. O símbolo dessa luta, escrito em caracteres que, ao longo de toda a história humana, permaneceram até hoje legíveis, chama-se "Roma contra Judeia, Judeia contra Roma": – até agora não houve qualquer acontecimento maior do que *essa* luta, *essa* questão, *essa* contradição. Roma via nos judeus algo como a própria antinatureza, seu monstro antípoda, por assim dizer; em Roma, se consideravam o

*Nietzsche faz a citação de Tertuliano sem se preocupar se o leitor sabe latim. Reproduzimos aqui a versão do original. (*N. do E.*)

judeus *culpados* pelo ódio contra todo o gênero humano: e com razão, desde que se tenha o direito de ligar a salvação e o futuro do gênero humano ao domínio incondicional dos valores aristocráticos, dos valores romanos. Mas o que, ao contrário, os judeus sentiam em relação a Roma? Podemos adivinhar por mil indícios; contudo, basta voltar ao Apocalipse de João, a mais selvagem das eclosões escritas, a qual traz a vingança na consciência. (Não se subestime, em todo o caso, a profunda lógica do instinto cristão quando ele intitulou esse livro do ódio com o nome do apóstolo do amor, a quem atribuiu igualmente aquele apaixonado e entusiasta evangelho – e aí reside um pouco de verdade, por maior que tenha sido a falsificação literária necessária a essa finalidade.) Os romanos eram com efeito os fortes e os nobres, mais fortes e mais nobres que qualquer um que já vivera sobre a Terra, nem mesmo sonhara jamais com tanto; todo o vestígio deles, todas as suas inscrições encantam, pressupondo que se decifre *o que* escreve aquilo. Os judeus, inversamente, eram o povo sacerdotal do ressentimento *par excellence*, possuídos de um gênio popular-moral sem paralelo: basta comparar os povos de qualidades análogas, os chineses ou alemães, por exemplo, aos judeus, para se compreender o que é de primeiro e o que é de quinto grau. Qual deles *venceu*, por enquanto, Roma ou Judeia? Não há mais dúvida alguma: basta ponderar diante de quem um homem se curva hoje na própria Roma, como ante a quintessência dos valores mais elevados – não apenas em Roma, mas em quase metade do planeta, por toda parte onde o homem foi tornado manso ou quer tornar-se manso – diante de *três judeus*, como se sabe, e *uma judia* (Jesus de Nazaré, o pescador Pedro, o tapeceiro Paulo* e a mãe do referido Jesus,

---

*Ao contrário do que geralmente é dito sobre o personagem, conhecido como fabricante de tendas, Nietzsche se refere a ele como tapeceiro. *(N. do T.)*

de nome Maria). Isto merece grande atenção: sem dúvida, Roma foi batida. No entanto, houve no Renascimento um esplêndido e inquietante redespertar do ideal clássico, do modo de avaliação aristocrático de todas as coisas: a própria Roma se moveu, como um cataléptico a abrir os olhos, mas sob a pressão da nova Roma judaizada construída sobre ela, a qual apresentava o aspecto de sinagoga ecumênica e se chamava "Igreja": mas logo a Judeia triunfou outra vez, graças àquele movimento do ressentimento fundamentalmente popular (alemão e inglês), ao qual chamamos Reforma, acrescentando o que tinha de resultar dele, ou seja, a restauração da Igreja – e também a restauração do silêncio sepulcral à antiga Roma clássica. Em sentido ainda mais decisivo e profundo que na Reforma, a Judeia alcançou de novo a vitória sobre o ideal clássico com a Revolução Francesa: a última nobreza política que havia na Europa, a dos séculos XVII e XVIII, sucumbiu sob os instintos populares do ressentimento – jamais se viu sobre a Terra tamanho júbilo, tão ruidoso entusiasmo! É certo que em meio a essa revolta aconteceu o mais tremendo, o mais inesperado: o próprio ideal antigo surgiu com inaudito esplendor *em carne e osso* diante dos olhos e da consciência da humanidade, e dessa vez mais forte, mais simples, mais penetrante que nunca, proferindo seu terrível e extasiante grito de guerra, o do *privilégio da maioria*, ante o lema velho e mentiroso do ressentimento, o *privilégio dos raros*, em oposição ao desejo de nivelação, humilhação, compensação, rebaixamento, decadência e crepúsculo dos homens! Napoleão surgiu como última indicação para *outro* caminho, foi o homem mais singular e mais tardio que jamais existiu e, encarnado nele, o problema do *ideal nobre enquanto tal* – reflitamos bem que problema é esse: Napoleão, essa síntese de desumano e sobre-humano...

17.

– A coisa terminou desse modo? Foi essa a maior entre todas as antíteses de ideais colocada *ad acta** para sempre? Ou apenas adiada, longamente adiada?... Não deverá, em certa ocasião, reacender a antiga chama, ainda mais assustadora e longamente preparada? Mais: não seria de se desejá-lo com todas as forças? E mesmo querê-lo? E até promovê-lo? Quem começa neste ponto, assim como meus leitores, a refletir, a seguir raciocinando, dificilmente chegará cedo ao final – motivo suficiente para que eu mesmo chegue ao final, supondo que desde muito se tenha tornado bastante claro o que *desejo*, o que pretendo precisamente dizer com o perigoso lema com o qual intitulei o meu último livro: *Para além do bem e do mal*... Pelo menos isso *não* significa "Para além do bom e do ruim".

Nota. Aproveito a oportunidade que este tratado me oferece para exprimir aberta e formalmente um desejo, até agora manifesto por mim apenas, em oportunas conversações com eruditos: que uma faculdade de filosofia, por meio de numerosos prêmios acadêmicos, possa destacar-se pela glória de promover o maior estudo da *história da moral*: talvez este livro sirva para dar um poderoso impulso exatamente nessa direção. Quanto a essa possibilidade, a seguinte questão é trazida a exame; ela merece atenção tanto dos filólogos e historiadores como dos filósofos efetivamente profissionais:

"*Quais indicações a linguística nos proporciona, especialmente a pesquisa etimológica, para a história do desenvolvimento dos conceitos morais?*"

– Por outro lado, é igualmente necessária a participação dos fisiólogos e médicos para se abordar esses problemas (sobre o *valor* das estruturações dos valores até agora existentes): podemos deixar que os filósofos de ofício representem, neste caso singular, o papel de advogados e mediadores, uma vez que tenham conseguido em termos gerais transformar a relação entre filosofia, fisiologia e medicina – originariamente tão melindrosa e desconfiada – no mais amistoso e frutífero dos intercâmbios.

---

*Nos arquivos. *(N. do T.)*

Na realidade, toda tabela de valor, todo "tu deves" conhecidos pela história ou pela pesquisa etnológica requerem elucidação e interpretação *fisiológica*, antes, em qualquer caso, da psicológica; todos requerem igualmente uma crítica da ciência médica. A pergunta "Qual é o valor desta ou daquela tabela de valores, desta ou daquela 'moral'?" deve basear-se nas mais variadas perspectivas; mas, especialmente, a pergunta "valioso *para quê?*" não poderá ser analisada com bastante delicadeza. Algo que, por exemplo, tivesse valor evidente com relação à maior duração possível de uma raça (ou para o desenvolvimento de sua adaptabilidade a determinado clima ou para a preservação do maior número) não teria em absoluto o mesmo valor caso se tratasse de formar um tipo mais poderoso. O bem da maioria e o bem da minoria são pontos de vista com valores opostos: deixemos à ingenuidade dos biólogos ingleses considerar que o primeiro, *em si*, apresenta valor mais elevado... *Todas* as ciências têm de preparar agora o terreno para a futura tarefa do filósofo: entendendo essa tarefa no sentido de que cabe ao filósofo resolver o *problema dos valores*, que ele terá de determinar a *hierarquia dos valores*. –

2

Segundo tratado
"Culpa", "má consciência" e afins

1.

Criar um animal que pode *fazer promessas* – não é precisamente a própria missão paradoxal que a Natureza se impôs no tocante ao homem? Não é esse o verdadeiro problema *do* ser humano?... O fato de que tal problema tenha sido em grande parte resolvido, deve parecer mais surpreendente a quem saiba apreciar no seu valor total a força contrária atuante, a do *esquecimento*. Tal força não é uma *vis inertiae**, como acreditam os superficiais; ao contrário, é um poder ativo de obstrução e, no sentido mais rigoroso da palavra, positivo, ao qual se atribui o fato de que o que é vivido, experimentado e assumido apenas por nós, não penetra em nossa consciência em estado de digestão (poderia ser chamado de "assimilação psíquica"), assim como nela não penetra todo o multiforme processo efetuador de nossa nutrição física, a denominada "assimilação física". Fechar temporariamente as portas e janelas da consciência; não ser incomodado pelo barulho e luta com que nosso reino subterrâneo de órgãos serviçais trabalha em cooperação e antagonismo; um pouco de paz, um pouco de *tabula rasa* da consciência, criando outra vez lugar para algo novo e acima

*Força da inércia. *(N. do E.)*

de tudo para as funções e funcionários mais nobres, para o reger, antever, predeterminar (pois nosso organismo é oligarquicamente estruturado) – esta é a utilidade, como disse, do esquecimento ativo, como um porteiro ou zelador da ordem psíquica, da calma, e da etiqueta: com que logo se vê que não poderia haver felicidade, alegria, esperança, orgulho, *presente*, sem o esquecimento. O homem em quem esse aparelho de impedimento é prejudicado e para de funcionar, se mostra comparável (e não apenas comparável) a um dispéptico – de fato nada "digere"... Exatamente esse animal necessitado do esquecimento, para quem o esquecer representa uma força, *vigorosa* forma de saúde, criou um poder oposto em si, uma memória, com cuja ajuda o esquecimento pode ser interrompido em certos casos – a saber, casos em que promessas devem ser feitas; dessa maneira, não se trata, em absoluto, de mera incapacidade passiva do não-poder-tornar-se-livre-outra-vez de uma impressão antes gravada, não é simples indigestão causada por palavra empenhada e que não se pôde cumprir, e sim um ativo não-querer-voltar-a-libertar-se, seguir-querendo o que um dia foi desejado, em verdadeira *memória da vontade*: assim, entre o "eu quero" e o "eu farei" originários e a efetiva descarga da vontade, seu *ato*, pode-se interpor de pronto um mundo de coisas, circunstâncias ou até atos de vontade, novos e estranhos, sem que esse longo grilhão da vontade se rompa. Mas quantas coisas isso pressupõe! Como deve o homem, para assim dispor antecipadamente do futuro, ter aprendido antes a distinguir o acontecimento necessário do casual, a pensar de forma causal, vendo ou antecipando o futuro como presente, estabelecendo com segurança o que é objetivo e o que serve de meio para atingi-lo, ou seja, podendo calcular e avaliar em termos gerais – para chegar a tanto, o próprio homem teve antes de se tornar *confiável, regular* e *necessário*, como em seu próprio conselho para, de tal maneira, como faz o pagador de promessas, poder afinal falar bem de si, em *termos de futuro*!

2.

Essa é precisamente a longa história da origem da *responsabilidade*. Como já compreendemos, essa missão de criar um animal que pode prometer inclui, como condição e preparação para a próxima missão, a tarefa mais imediata, que é tornar o homem necessário em certa medida, uniforme, igual entre os iguais, ajustado a regras e, consequentemente, previsível. O imenso trabalho do que é por mim chamado de "moralidade da moral*" – o verdadeiro trabalho do homem em si mesmo, durante o mais longo período do gênero humano, todo o seu trabalho *pré-histórico*, encontra seu sentido, e sua justificação, ainda que nele também resida tanta dureza, tirania, imbecilidade e idiotice: com a ajuda da moralidade da moral e da camisa de força social, o homem foi *tornado* efetivamente previsível. Coloquemo-nos, ao contrário, no fim desse gigantesco processo, onde a árvore afinal amadurece os frutos, onde a sociedade e sua moralidade da moral finalmente trazem à luz do dia aquilo de que foram apenas meio: acharemos então, como a fruta mais madura da sua árvore, o *indivíduo*, igual apenas a si mesmo, aquele novamente liberado da moralidade da moral, o indivíduo autônomo, além da moral (pois "autônomo" e "moral" se anulam), resumindo, o homem da vontade própria duradoura, independente, possuidor da *prerrogativa da promessa* – e nele uma consciência orgulhosa, palpitante em todos os músculos, *do que* afinal foi alcançado, e está corporificado –, a verdadeira consciência de força e liberdade, o sentimento de perfeição do ser humano em geral. Esse homem liberto que realmente *possui* a *prerrogativa* da promessa, esse senhor da livre vontade, esse soberano – como poderia ignorar a sua

*A expressão alemã é *Sittlichkeit der Sitte*, aqui traduzida como moralidade da moral, a fim de manter a semelhança entre as palavras usadas por Nietzsche. Termo originalmente usado em *Aurora*. *(N. do T.)*

superioridade, portanto, diante de todo aquele que não pode prometer e responder por si, quanta confiança, quanto receio e quanto respeito desperta – e "*merece*" essas três coisas – e como, nesse domínio sobre si, também lhe será dado necessariamente o domínio sobre as circunstâncias, sobre a natureza e todas as criaturas de vontade menor e menos confiáveis? O homem "livre", o possuidor de uma longa e inquebrantável vontade, tem nessa posse o seu *padrão de valores*: olhando para os outros a partir de si ele honra ou despreza; e com a mesma necessidade com que honra seus iguais, os fortes e os autênticos (os que *podem* fazer promessas) – ou seja, a todo aquele que faz promessas como um soberano, a custo, rara e lentamente, que é avaro em confiança, *conferindo honra* quando confia que dá sua palavra como algo em que se pode confiar, pois sabe que é forte o bastante para mantê-la, mesmo no confronto com as tragédias, mesmo no "encontro com o destino" – com igual necessidade ele seguirá preparando seu pontapé para os galgos débeis que prometem quando não podem e o seu açoite para o mentiroso que quebra a palavra no momento em que esta lhe vem à boca. O conhecimento orgulhoso do extraordinário privilégio da *responsabilidade*, a consciência dessa liberdade singular, desse poder sobre si e o destino entraram nele em profundidade máxima, tornando-se instinto, instinto dominante – como chamará a esse instinto dominante, supondo que necessite de palavra para designá-lo? Mas não há dúvida: esse homem soberano o chama de sua *consciência*...

3.

Sua consciência?... De antemão adivinha-se que o conceito de "consciência", aqui encontrado em sua designação suprema e quase surpreendente, tem atrás de si uma longa história e prolongada metamorfose. Possuir a prerrogativa de falar bem e orgulhosamente de si, e portanto também poder dizer *sim a si mesmo* – este é, como foi dito, um fruto maduro, mas também um fruto *tardio*: quanto tempo teve de permanecer áspero e amargo na árvore! E por tempo ainda muito mais longo o referido fruto sequer foi visto – ninguém tinha o direito de prometê-lo, ainda que tudo na árvore se preparasse e crescesse justamente para a sua consumação! – "Como se faz uma memória para o animal-homem? Como se grava algo nessa inteligência voltada para o instante, parte obtusa, parte oprimida, nessa capacidade viva de esquecimento?"... Esse antiquíssimo problema não foi solucionado, conforme se pode presumir com respostas e meios exatamente delineados; talvez, em toda a pré-história do homem, nada exista de mais assustador e sinistro do que sua *técnica mnemônica*. "Deve-se gravar algo em fogo para que permaneça na memória: apenas o que não *para de doer* fica na memória" – este é um axioma da mais antiga (infelizmente, também da mais duradoura) psicologia na Terra. Pode-se até dizer que em toda parte, onde ainda haja, na vida do homem e do povo, solenidade, seriedade, mistério, cores sombrias, *persiste* algo do horror com que outrora se prometia, se empenhava a palavra e se faziam votos: o passado, o passado mais distante, profundo e duro, sopra e ressurge em nós quando nos tornamos "sérios". Jamais se realizou sem sangue, martírios e sacrifícios quando o homem julgou necessário criar uma memória em si; os mais assustadores sacrifícios e penhores (entre eles o sacrifício dos primogênitos), as mutilações mais repugnantes (as castrações, por exemplo), as formas mais sombrias de ritual de todos os cultos religiosos (todas as religiões são, em sua parte mais profunda, sistemas de crueldade) – tudo isso tem origem nesse instinto que descobriu na dor o recurso auxiliar mais poderoso da mnemônica. Em certo sentido, todo o ascetismo se enquadra aí: algumas ideias devem se tornar indeléveis, onipresentes, inesquecíveis e "fixas", com a finalidade de hipnotizar todo o sistema nervoso e intelectual com essas "ideias fixas" – e o procedimento e a forma de vida ascéticos são meios de livrar tais ideias da concorrência com as demais, tornando-se "inesquecíveis". Quanto pior a humanidade estiver "de memória", tanto mais assustador será o aspecto de seus costumes; em especial a dureza dos códigos penais dá uma medida do esforço feito para chegar à vitória contra o esquecimento e manter *presentes* algumas normas elementares no convívio social desses escravos momentâneos da paixão e da cobiça! Nós, alemães, por certo não nos julgamos um povo especialmente cruel ou duro de coração, menos ainda especialmente frívolo e limitado ao momento; contudo, basta examinar nossas velhas leis penais para ter uma retrospectiva de quanto custa, nesse mundo, criar um "povo de pensadores" (quer dizer, o povo da Europa, no qual ainda hoje se pode encontrar o máximo de idoneidade, seriedade, mau gosto e objetividade, e que devido a essas características tem o direito de criar toda a espécie de mandarins da Europa). Tais alemães criaram uma memória com métodos assustadores, visando a dominar seus instintos básicos vulgares e a brutal rudeza deles: pensemos nos velhos castigos alemães, como o apedrejamento (já na lenda deixa-se a pedra de moer cair sobre a cabeça do culpado), o suplício da roda (a invenção e especialidade mais original do gênio alemão no reino dos castigos!), o empalamento, o dilacerar ou o pisoteamento por cavalos (o "esquartejamento"), o cozimento do criminoso em óleo ou vinho (ainda vigente nos séculos XIV e XV), o popular esfolamento ("cortar em tiras"), a excisão da carne do peito; e também a prática de recobrir o malfeitor com mel, deixando-o às moscas sob sol ardente. Com a ajuda de tais imagens e procedimentos termina-se por reter na memória cinco ou seis "não quero" em relação aos quais se faz uma *promessa*, a fim de se viver os benefícios da sociedade – e de fato! Com a ajuda desse tipo de memória chega-se finalmente "à razão"! Ah, a razão, a seriedade, o domínio sobre as paixões, essa coisa tão sombria chamada reflexão, todos esses privilégios e ostentação do ser humano: como se fizeram pagar caro! Quanto sangue e horror há no fundo de todas as "coisas boas"!...

4.

Mas como chegou ao mundo essa outra "coisa sombria", a consciência da culpa, toda a "má consciência"? – E assim voltamos aos nossos genealogistas da moral. Dizendo outra vez – ou ainda não o disse? – eles não valem nada. Possuem uma experiência própria muito estreita, "moderna"; nenhum conhecimento do passado, nenhuma vontade de conhecê-lo, menos ainda um instinto histórico, uma "segunda visão", exatamente tão necessária nisso – contudo, dedicam-se à história da moral: obviamente isso tem de terminar em resultados cuja relação com a verdade seja bem mais do que frágil. Puderam esses genealogistas da moral imaginar, embora vagamente, que todo esse principal conceito moral de "culpa", teve origem no tão material conceito de "dívida*"? Ou que o castigo, na condição de reparação, desenvolveu-se totalmente à parte de qualquer pressuposto acerca da liberdade ou falta de liberdade da vontade? – Isso ocorreu até se requerer um *alto* grau de humanização para o animal "homem" começar a fazer tais distinções, muito mais elementares, de "intencional", "descuidado", "casual" e "responsável" e seus respectivos opostos, levando-os em conta ao determinar o castigo. Esse pensamento, hoje corrente e aparentemente tão natural e inevitável, criado para explicar como o sentimento de justiça surgiu na terra, segundo o qual "o criminoso merece castigo *porque*

*Em alemão, a palavra *Schuld* significa igualmente culpa e dívida. Esse duplo sentido constitui a chave para a compreensão de grande parte do segundo tratado. *(N. do T.)*

poderia ter agido de outra maneira", é na verdade uma forma alcançada muito tardiamente, uma forma refinada de sentença e dedução humanas; quem a desloca para os nossos primórdios engana-se grosseiramente quanto à psicologia da humanidade mais antiga. No período mais longo da história humana *não* se impuseram penas porque se responsabilizava o malfeitor por seu ato, ou seja, *não* se agia sob o pressuposto de que apenas o culpado merecesse o castigo – ao contrário, assim como hoje os pais castigam os filhos pela raiva proveniente de um prejuízo sofrido, a qual se manifesta no causador; porém, é contida e modificada pela ideia de que todo dano tem de alguma forma sua *equivalência* e realmente pode ser compensado, ainda que por meio da *dor* causada a seu autor. De onde essa ideia tão antiga, profundamente enraizada, talvez inextirpável hoje, tomou essa força, essa ideia de equivalência entre dano e dor? Já revelei sua origem: na relação contratual entre *credor* e *devedor*, tão antiga, aliás, quanto os "sujeitos jurídicos", e que, por sua vez, remonta às forças básicas de compra, venda, troca, negócio e comércio.

5.

A presentificação dessas relações contratuais desperta, sem dúvida, conforme se pode esperar pelas observações anteriores, múltiplas suspeitas e resistências contra a humanidade que as criou ou sancionou. Precisamente nelas fizeram-se *promessas*; justamente nelas a questão gira em torno de *conferir* uma memória a quem promete; nelas, deve-se suspeitar, estarão antecedentes da aplicação do duro, cruel e doloroso. O devedor, para infundir confiança à promessa de pagamento, para dar uma garantia quanto à seriedade e à santidade de sua promessa, para inculcar na consciência o dever e a obrigação da devolução, penhora algo no poder de um contrato com o credor, para o caso de não pagar, alguma coisa que ainda "possua", sobre a qual ainda tenha autoridade, como seu corpo, sua mulher, sua liberdade ou mesmo sua vida (ou, sob determinados pressupostos religiosos, até a bem-aventurança, a salvação de sua alma e por fim até a paz no túmulo: assim ocorria no Egito, onde nem na sepultura o cadáver do devedor encontrava sossego ante o credor – já que no ponto de vista daqueles egípcios esse sossego possuía valor). O credor podia, acima de tudo, causar toda espécie de ignomínia e tortura ao corpo do devedor, por exemplo, cortar dele o tanto que lhe parecesse proporcional à dívida – e, de acordo com esse ponto de vista, houve muito cedo e em toda parte avaliações precisas que se estendiam horrivelmente aos mínimos detalhes, avaliações *legalmente* estabelecidas quanto a um membro ou a partes do corpo. Eu já tomaria por progresso e prova de uma concepção jurídica mais livre, mais generosa em seus cálculos, mais *romana*, o que a lei das Doze Tábuas estabeleceu, afirmando ser indiferente a que os credores viessem a amputar nesse caso: *si plus minusve secuerunt, ne fraude esto**. Tomemos clara a lógica de toda essa forma de compensação: ela é bastante estranha. A equivalência resulta de que, em lugar de uma vantagem advinda diretamente do prejuízo ressarcido (uma compensação em dinheiro, terra ou posses de qualquer tipo), será outorgada ao credor uma espécie de *satisfação* como forma de reembolso e compensação – a satisfação do direito de manifestar, sem escrúpulo, seu poder sobre um impotente, a volúpia de *faire le mal pour le plaisir de le faire***, o gozo da violação: e tal gozo é cotado em proporção tanto mais alta quanto mais fundo e baixo for o nível em que o credor esteja situado na ordem social, podendo parecer facilmente a parte mais deliciosa, ou mesmo o antegosto de uma posição mais elevada. Mediante o "castigo" ao devedor, o credor toma parte no *direito dos senhores*; por

*Se cortam mais ou menos, que não seja crime. *(N. do T.)*

**Fazer o mal pelo prazer de fazê-lo. *(N. do T.)*

fim, ele chega a experimentar o exaltado sentimento de desprezar e maltratar uma criatura como "inferior" – ou, pelo menos, vê-la desprezada e maltratada no caso de a efetiva violência punitiva, a aplicação da pena, ter sido passada à "autoridade". A compensação consiste, portanto, em indicação e direito à crueldade. –

6.

Nesta esfera, a das obrigações legais, está a origem do mundo dos conceitos morais: "culpa", "consciência", "dever" e "santidade do dever" – seu começo, igual ao começo de todas as grandes coisas na terra, foi profundamente regado a sangue. Não se poderia acrescentar que, no fundo, esse mundo jamais chegou a perder totalmente um certo cheiro de sangue e tortura? (Nem mesmo no velho Kant: o imperativo categórico cheira a crueldade...) Foi igualmente aí que, pela primeira vez, se forjou aquela sinistra e talvez insolúvel associação das ideias de "culpa e sofrimento". Pergunta-se de novo: em que medida o sofrimento pode representar uma compensação para "dívida"? Na medida em que o *causar* sofrimento faz bem, no mais alto grau, na medida em que o prejudicado, como reposição do prejuízo e levando em conta o aborrecimento com ele, mergulhava em extraordinário prazer compensatório: o *causar* sofrimento – uma verdadeira *festa*, algo que, como foi dito, tanto mais se apreciava quanto mais contradissesse a classe e a posição social do credor. Isso foi dito no plano especulativo: pois, além de penoso, mostra-se difícil ver o fundo de tais coisas subterrâneas; e quem aí interpõe de forma grosseira o conceito de "vingança" encobre e obscurece a visão, em vez de torná-la mais clara (– a própria vingança remonta precisamente ao mesmo problema: "Como pode o causar-sofrimento ser uma satisfação?"). Ao que me parece, repugna à delicadeza, e ainda mais à tartufice dos animais domésticos (ou seja, dos homens modernos, ou ainda, de nós mesmos), imaginar com todas as forças até que grau a *crueldade* foi a grande alegria festiva da humanidade mais antiga, chegando a constituir ingrediente de quase todas as suas alegrias; e, por outro lado, como sua necessidade de crueldade se apresenta de forma ingênua e inocente, como radicalmente a imperiosa "perversidade desinteressada" (ou, para dizer como Espinoza, a *sympathia malevolens**) foi por ele considerada um atributo *normal* do homem – portanto, algo para o qual a consciência diz um corajoso *sim*! Um olhar mais penetrante talvez pudesse divisar, ainda hoje, o suficiente dessa mais antiga e fundamental alegria festiva do homem; em *Para além do bem e do mal*, pág. 153 (e, anteriormente, em *Aurora*) apontei com dedo cauteloso a sempre crescente espiritualização e "divinização" da crueldade que permeiam toda a história da cultura mais elevada (e num sentido significativo chegam mesmo a constituí-la). Em todo caso, ainda não se passou tanto tempo desde que era impossível conceber casamentos de príncipes e festas populares sem execuções, tortura ou talvez um auto de fé, e tampouco poderia haver uma casa nobre sem criaturas sobre as quais se pudesse descarregar sem escrúpulos as perversidades e troças cruéis dos demais. (Lembremo-nos, por exemplo, de Dom Quixote na corte da duquesa: hoje lemos *Dom Quixote* sentindo um gosto amargo na boca, quase como uma tortura, e pareceríamos assim muito estranhos e obscuros a seu autor e a seus contemporâneos – eles o liam na mais tranquila consciência, como o mais divertido dos livros, quase morrendo de rir.) Ver-sofrer faz bem, fazer-sofrer faz mais bem ainda – esta é uma tese dura, mas também antigo e poderoso axioma humano, demasiadamente humano, que receberia, talvez, o endosso dos antropoides: conta-se que ao inventar crueldades bizarras eles dão ampla prova de sua futura humanidade, "preludiando-a" o homem. Sem crueldade, nada de

*Simpatia malévola. *(N. do T.)*

festa: assim ensina a mais antiga e longa história do homem – e no castigo também há muito de *festivo*!

7.

Diga-se de passagem que com esses pensamentos não pretendo em absoluto fornecer aos nossos pessimistas água nova para seus rangentes e dissonantes moinhos do tédio existencial; ao contrário, deve-se estar explicitamente convicto de que, naquele tempo, quando a humanidade ainda não se envergonhava de sua crueldade, a vida era mais alegre na Terra do que agora, que existem os pessimistas. O escurecimento do céu sobre os homens aumentou em proporção ao crescimento da vergonha do homem *diante do homem*. O cansado olhar pessimista, a desconfiança quanto ao enigma da vida, o gélido "Não" proveniente da repulsa à vida – essas não constituem as insígnias das épocas de mais maldade do gênero humano: ao contrário, só aparecem, como plantas pantanosas que são, quando existe o pântano a que pertencem – refiro-me ao amolecimento e à corrupção moral doentias, graças aos quais o animal "homem" aprende a se envergonhar, por fim, de todos os seus instintos. No caminho para se tornar "anjo" (para não usar aqui palavra mais dura), o homem criou esse estômago deteriorado e essa língua saburrosa, e por meio deles não apenas a alegria e a inocência do animal lhe parecem repugnantes, mas a própria vida também se torna insípida – dessa maneira, ele às vezes fecha o nariz ante si mesmo e faz, junto com o Papa Inocêncio III, a enumeração reprovadora de suas próprias repugnâncias ("concepção impura, nutrição repulsiva no corpo materno, inferioridade da matéria a partir de onde o homem se desenvolve, fedor abominável, secreção de saliva, urina e fezes"). Hoje, que o sofrimento tem de ser lembrado como primeiro argumento contra a existência, configurando o mais grave questionamento dela, vale recordar as épocas em que se julgava de maneira oposta, pois não se podia prescindir do *fazer-sofrer* e se via nele um atrativo de primeira categoria, verdadeira *isca sedutora* para a vida. Talvez outrora – digamo-lo para consolo dos fracotes – a dor não causasse tanto sofrimento quanto hoje; assim deverá, ao menos, concluir o médico que tenha tratado de negros (se os tomarmos como representantes do homem pré-histórico) nos casos graves de infecções internas que levam o europeu mais robusto quase ao desespero – o que *não* ocorre com os negros. (A curva da resistência humana à dor parece, na realidade, cair extraordinária e quase repentinamente tão logo se deixe para trás os primeiros 10 mil ou 10 milhões de homens de cultura superior; e pessoalmente não duvido que, em relação a uma noite dolorosa passada por uma única mulher histérica e culta, o sofrimento de todos os animais até agora interrogados com o bisturi das finalidades científicas sequer tem significado. Talvez seja até lícito admitir a possibilidade de que esse gosto pela crueldade não esteja efetivamente extinto: ele precisaria apenas, visto que hoje a dor causa mais sofrimento, de certa sublimação e sutilização, ou seja, deveria sobretudo apresentar-se transposto para o plano imaginativo e anímico e adornado com nomes tão inofensivos que não despertassem suspeita alguma, nem mesmo na consciência hipócrita mais sutil (a "compaixão trágica" é um desses nomes; outro é "*les nostalgies de la croix*"*). O que de fato indigna contra o sofrimento não é o sofrimento em si, mas sua falta de sentido: porém, nem para o cristão, que na sua interpretação do sofrimento introduziu uma secreta maquinaria de salvação, tampouco para o homem ingênuo das épocas mais antigas, que sabia interpretar todo o sofrimento pelo ponto de vista de seus espectadores ou causadores, existiu jamais tal sofrimento *sem sentido*. Para poder expulsar do mundo e negar honestamente o sofrimento oculto, não descoberto, sem testemunhas, o homem se viu então quase forçado a inventar deuses e seres intermediários de todas as al-

*As nostalgias da cruz. *(N. do T.)*

turas e profundidades, em suma, algo que também vagueia pelo oculto, que também vê no escuro e não se furta facilmente a um espetáculo doloroso interessante. Com a ajuda de tais invenções, a vida conseguiu realizar então a obra de arte que sempre soube realizar: autojustificar-se, justificar o seu "mal"; hoje talvez ela necessite de outras invenções para esse fim (a vida como enigma, por exemplo, a vida como problema do conhecimento). "Está justificado todo mal cuja visão seja edificante para um deus": assim soava a pré-histórica lógica do sentimento – e seria, de fato, apenas a pré-histórica? Os deuses concebidos como amigos dos espetáculos *cruéis* – oh, até que ponto essa noção antiquíssima penetra ainda em nossa humanização europeia! Poderíamos consultar Calvino e Lutero, por exemplo. Em todo caso, é certo que os gregos não sabiam oferecer condimento mais agradável à felicidade dos seus deuses que as alegrias da crueldade. Com que olhos, então, vocês acham que Homero fez seus deuses olharem para o destino dos homens? Que derradeiro sentido tinham, no fundo, as guerras de Troia e atrocidades trágicas semelhantes? Não se pode ter dúvida: elas foram concebidas como *festivais* para os deuses; e na medida em que o poeta, nesse aspecto, é mais "divinamente" constituído que o restante dos homens, sem dúvida também como festivais para os poetas... Mais tarde, do mesmo modo, os filósofos morais da Grécia imaginaram os olhos dos deuses contemplando a luta moral, o heroísmo e o automartírio do virtuoso: o "Hércules do dever" estava num palco e o sabia; a virtude sem testemunhas era algo totalmente impensável para esse povo de atores. Não deveria tão temerária e funesta invenção dos filósofos, feita primeiramente na Europa, a do "livre-arbítrio", a invenção da absoluta espontaneidade do homem no bem e no mal, ter sido feita antes de tudo para justificar a noção de que o interesse dos deuses pelo homem e pela virtude humana *não poderia jamais se esgotar*? Sobre esse palco terrestre jamais deveriam faltar coisas realmente novas, tensões, enredos, tramas e catástrofes efetivamente inauditos: um mundo concebido dentro do completo determinismo seria previsível para os deuses e, por decorrência, logo os entediaria – motivo suficiente para que tais *amigos dos deuses*, os filósofos, não atribuíssem a eles tal mundo! Toda a antiga humanidade está repleta de consideração delicada pelo "espectador", já que é um mundo essencialmente público, essencialmente visível, incapaz de imaginar a felicidade sem palcos e festas. – E como já foi dito, também no grande castigo há muitos elementos festivos!...

8.

O sentimento de culpa, de compromisso pessoal, para retomar o curso de nossa análise, teve origem, como vimos, na mais antiga e primitiva relação pessoal que existe, na relação entre comprador e vendedor, credor e devedor: foi então que, pela primeira vez, houve o confronto pessoa a pessoa, *mediu-se* uma pessoa com outra. Ainda não se encontrou um grau de civilização tão baixo onde algo desse tipo de relação não fosse verificável. Estipular preços, calcular valores, imaginar equivalências, trocar – isso ocupou em tal medida o primeiro pensamento do homem que, num certo sentido, *constituiu* o pensar: aqui se cultivou o tipo mais antigo de perspicácia, aqui poderia se suspeitar do primeiro impulso do orgulho humano, seu sentimento de primazia ante os outros animais. Talvez nossa palavra *Mensch* (*manas*) ainda exprima algo desse sentimento de si: o homem [*Mensch*, em alemão] se designava como a criatura que mede valores, avalia e mede, como o "animal avaliador". Compra e venda, junto com seus acessórios psicológicos, são mais antigas que os próprios primórdios de quaisquer formas de organizações ou alianças sociais: foi somente a partir da forma mais primitiva de direito pessoal que o sentimento germinante de troca, contrato, débito, direito, obrigação, compensação, foi *transposto* para os mais crus e elementares complexos sociais (na relação destes com seus similares), juntamente com o hábito de comparar, medir e confrontar poder com poder. O olho já se adaptara a essa perspectiva; e com aquela rude coerência lógica característica do pensamento da humanidade mais antiga, de difícil desencadeamento, mas inexorável ao seguir o mesmo caminho, logo se chegou, mediante grande generalização, ao: "cada coisa tem seu preço; *tudo* pode ser pago" – o mais antigo e ingênuo cânone moral da justiça, a origem de toda a "bondade", de toda a "equidade", de toda a "boa vontade", de toda a "objetividade" existente no mundo. Nesse primeiro estágio, justiça é a boa vontade entre aqueles que são, até certa medida, igualmente poderosos, que entram, se acomodam, "entendendo-se" por meio de um acordo – e, com relação aos menos poderosos, forçando-os a assumir um compromisso.

9.

Usando sempre a medida da pré-história (pré-história que, aliás, existe ou pode voltar a existir a qualquer tempo): também a comunidade mantém com seus membros essa importante relação básica, do credor com o devedor. Vive-se em coletividade, apreciam-se as vantagens desta (e que vantagens! Às vezes as subestimamos hoje), mora-se protegido, amparado, em paz e confiança, despreocupado com certos danos e hostilidades aos quais se expõe o homem *de fora*, o "sem-paz"* – um alemão compreende o que significava originariamente *Elend, êlend*** –, e o indivíduo também se comprometeu e se empenhou com a comunidade precisamente por respeito a esses danos e hostilidades. O que aconteceria em outro caso? A comunidade, o credor enganado, exigirá pagamento, deve-se

**Der Friedlose*, o "fora da lei", que está banido dos limites da comunidade. *(N. do T.)*

**Miséria. *(N. do T.)*

contar com isso. O que menos importa aqui é o dano direto: e à parte esse prejuízo, o criminoso é antes de tudo um "infrator", um indivíduo que rompe o contrato e a palavra com todos no tangente à totalidade dos benefícios e vantagens da vida comunitária por ele usufruídos até então. O criminoso é um devedor que não apenas deixou de repor as vantagens e empréstimos a ele oferecidos mas atentou contra seu credor: assim, como é justo, a partir daí ele não apenas perde todos esses benefícios e vantagens – agora, lhe será lembrado o *valor desses benefícios.* A raiva do credor lesado, da coletividade, devolve-o à condição de selvagem, fora da lei, pois dela tinha sido resguardado até então: a coletividade o expulsa – e poderá agora descarregar todo tipo de hostilidades sobre ele. Nessa fase da civilização, o "castigo" é simplesmente o retrato, a cópia, o *mimus** do comportamento moral frente ao inimigo odiado, indefeso e por terra, que não apenas perdeu todo o direito e proteção mas também toda a clemência; trata-se, portanto, do direito de guerra e festa de vitória do *Vae victis*!** em toda a impiedade e crueldade – o que explica por que a própria guerra (incluindo o ritual dos sacrifícios guerreiros) forneceu todas as *bases* a partir das quais o castigo surgiu na História.

10.

Uma coletividade que tem seu poder fortalecido não leva tão a sério os delitos do indivíduo, pois não pode mais considerá-los tão perigosos e subversivos para a existência do todo como antes: o malfeitor não é mais "privado da paz" e expulso, a irritação geral não mais pode se manifestar sobre ele desenfreadamente – o malfeitor, ao contrário, a partir de então é defendido e protegido com cuidado, pelo todo, em particular

---

*Reprodução. *(N. do T.)*
**Ai dos vencidos! *(N. do T)*

da cólera dos diretamente prejudicados. O compromisso com a cólera dos mais afetados pela má ação; o esforço para localizar o caso e evitar uma participação e inquietude mais amplas ou mesmo generalizadas; encontrar equivalentes e resolver toda a questão (a *compositio**); acima de tudo, a vontade, sempre mais decidida, de considerar todo o delito como "*reembolsável*" em algum sentido e, portanto, pelo menos até certa medida, *separar* o criminoso de sua ação – esses são os traços que se imprimiram cada vez mais claramente no desenvolvimento do direito penal. Ao se elevarem o poder e a autoconsciência de uma coletividade, também se suaviza o direito penal; se há enfraquecimento da comunidade, e ela corre grande risco, traz de novo, inversamente, as formas mais rígidas desse direito. O "credor" sempre se torna mais humano ao se tornar mais rico; por fim, a medida do prejuízo que consegue suportar sem ser prejudicado se torna a medida de sua riqueza. Não seria impensável uma *consciência de poder* da sociedade em que se poderia dar o mais nobre dos requintes a ela possíveis – deixar *impune* quem a prejudicou. "Afinal, de que os meus parasitas me importam?", poderia dizer. "Que vivam e prosperem. – Sou forte o bastante para tanto!"... A justiça iniciada com "tudo é pagável, tudo deve ser pago" termina fazendo vista grossa e deixando os insolventes escaparem – assim acaba *se anulando*, como todas as boas coisas sobre a Terra. A autossupressão da justiça: sabe-se com que belo nome se apresenta: perdão – obviamente ele permanece como prerrogativa dos mais poderosos, ou melhor, o seu "além do direito".

11.

– Vai aqui uma palavra de repúdio a tentativas recentemente empreendidas de procurar a origem da justiça em terreno bem

*Regra, ordem. *(N. do T.)*

diferente – o do ressentimento. Falarei, antes, algo ao ouvido dos psicólogos, supondo que a eles deverá agradar o estudo do ressentimento, de perto: essa planta floresce hoje com maior vigor entre os anarquistas e antissemitas, aliás, como sempre floresceu, ou seja, no oculto, igual à violeta, embora com outro aroma. E como dos iguais têm de brotar coisas sempre iguais, não causará surpresa ver, precisamente nesses círculos, a repetição de tentativas já empreendidas com frequência – voltar à página 62 – de santificar a *vingança* sob o nome de *justiça* –, como se a justiça no fundo fosse apenas um desenvolvimento posterior do sentimento de estar ofendido – e de reabilitar, com a vingança, todas as emoções *reativas*. Eu seria o último a me escandalizar com tal sentimento: até me pareceria um *mérito* em relação à questão biológica (nela se subestimou, até agora, o valor dessas emoções). Só chamo atenção para essa nova nuance de justiça científica (em benefício do ódio, da inveja, da malquerença, da desconfiança, do rancor e da vingança), que nasce do espírito do ressentimento. Porque essa "justiça científica" desaparece de repente, cedendo lugar a sinais de ódio e preconceito mortais, tão logo entre em cena outro grupo de emoções que, me parece, possui valor biológico muito superior aos reativos e que, consequentemente, mereceriam ser avaliados e apreciados pela *ciência*: as emoções de fato *ativas*, como a ambição de domínio, a ânsia de posses e afins. (E. Dühring, *O valor da vida; Curso de filosofia;* no fundo, em todas as suas obras.) Aceitaria que tal postulado vá muito contra essa tendência geral, porém, no concernente à tese particular de Dühring, de que o nascimento da justiça está no solo dos sentimentos reativos, deve-se contrapor a ela, por amor à verdade e numa brusca inversão, esta outra tese: o *último* solo a ser tomado pelo espírito de justiça é o do sentimento reativo! Quando realmente ocorre de o homem justo ser justo até com seu malfeitor (e não apenas frio, ponderado, distante e indiferente: ser justo é sempre um comportamento *positivo*), quando a objetividade elevada e clara dos olhos justos, *que julgam*, cuja mirada é profunda e gentil e não se perturba, nem sob forte ataque de insulto pessoal, do escárnio, da mais alta e evidente desconfiança, do desdém e da calúnia, tal constitui uma obra de perfeição e de maestria suprema – algo que não deve esperar, e no qual, em todo caso, não se deve crer com demasiada facilidade. Por certo é comum que, mesmo entre pessoas íntegras, uma pequena dose de agressão, perversidade e insinuação baste para levar-lhes o sangue aos olhos e tirar-lhes a justiça. O homem ativo, agressivo, usurpador, está sempre cem passos mais próximo da justiça que o apenas reativo; pois para ele não há necessidade de avaliar seu objeto de maneira falsa e parcial, conforme faz, conforme tem de fazer, o homem reativo. Assim, constitui um fato que, em todos os tempos, o homem agressivo, por ser o mais forte, corajoso e nobre, tem possuído olho *mais livre*, consciência *melhor*: inversamente já antevemos quem tem, em sua consciência, a invenção da "má consciência" – o homem do ressentimento! Perscrutemos afinal a história: em que esfera residiu até agora toda a administração do direito, e também a efetiva necessidade imperiosa do direito? Na esfera do homem reativo, talvez? De modo algum; ela reside, ao contrário, na dos ativos, fortes, espontâneos, agressivos. Observando historicamente, o direito representa – dizendo-o para o aborrecimento do mencionado agitador (o qual saiu-se com a seguinte confissão sobre si próprio: "a doutrina da vingança atravessou, como a linha vermelha da justiça, todos os meus trabalhos e esforços") – justamente a luta *contra* os sentimentos reativos, a guerra a tais sentimentos pelas forças ativas e agressivas, que dedicam parte do seu poder a impor limites e proporção a esse transbordamento do *pathos* reativo, forçando-o a um compromisso. Em toda parte em que se exerce justiça e se mantém a justiça, é possível se notar uma força maior buscando meios de pôr fim, ante forças menores situadas abaixo dela (grupos ou indivíduos), à cólera demente do ressentimento, em parte retirando o objeto do ressentimento das garras da vingança, em parte colocando a luta contra os inimigos da paz e da ordem em lugar da vingança, ou criando, propondo ou mesmo impondo acordos sob certas circunstâncias, talvez elevando à categoria de norma certas equivalências para os danos, sendo o ressentimento por estas suprimido a partir daí, de uma vez por todas. Porém, o mais decisivo que a suprema violência faz e impõe no combate à preponderância dos sentimentos contrários e replicadores – e ela sempre o faz, assim que, de alguma maneira, esteja forte o bastante para tanto – é o estabelecimento da *lei*, a declaração imperativa do que a seus olhos constitui o permitido, o legal, ou o que representa o proibido e o injusto: na medida em que tal violência suprema, após estabelecer a lei, trata todas as infrações e arbitrariedades dos indivíduos ou grupos inteiros como delito contra a lei, como rebelião contra a própria violência suprema, desvia o sentimento e seus súditos do prejuízo imediato resultante de tais delitos, alcançando assim o oposto àquilo desejado pela vingança, que só vê e deixa valer o ponto de vista do prejudicado – daí em diante o olho se exercita para chegar a uma avaliação cada vez *mais impessoal* da ação, até mesmo o olho do prejudicado (este por último, como observado). Portanto, só após a instituição da lei surgem os conceitos de "justo" e "injusto" (e *não*, como pretende Dühring, a partir do ato da ofensa). Falar do justo e do injusto *em si* carece de qualquer sentido; *em si*, ferir, violentar, explorar e exterminar naturalmente nada apresenta de "injusto", pois a vida é, *essencialmente*, isto é, em suas funções básicas, ofensiva, violadora, exploradora e exterminadora, não se podendo em absoluto concebê-la sem esse caráter. Deve-se até admitir algo mais grave: do ponto de vista biologicamente mais elevado, os estados de legalidade têm de ser apenas *estados excepcionais*, constituindo restrições parciais ao autêntico desejo de viver, o qual busca o poder, estando subordinadas à finalidade geral desse desejo na condição de meios particulares: isto é, na condição de meios para criar unidades *maiores* de poder. Uma ordem de direito concebida como soberana e universal, não como um meio na luta de complexos de poder, mas como um meio *contra* todas as lutas, de acordo, por exemplo, com o padrão comunista de Dühring, igualitário com todo o desejo de quaisquer desejos, seria um princípio *hostil à vida*, um fator de destruição e desagregação do homem, um atentado contra seu futuro, um sinal de fadiga, um caminho tortuoso para o nada. –

12.

Aqui vai uma palavra a mais sobre a origem e a finalidade do castigo – duas questões que são distintas ou que se deveria distinguir: infelizmente, é habitual classificá-las como uma só. Como se posicionam nesse caso os genealogistas da moral até hoje? Ingenuamente, como sempre: descobrem uma "finalidade" qualquer no castigo, a da vingança ou intimidação, por exemplo, e então colocam despreocupadamente essa finalidade na origem, como *causa fiendi** do castigo, e – terminaram. A "finalidade no direito" é, todavia, o último dos componentes a se levar em conta na gênese do direito: pois não existe princípio mais importante para qualquer espécie de ciência histórica do que esse, alcançado com tanto esforço, mas que realmente devia se conquistar – o de que a causa da formação de uma coisa e sua utilidade final, sua efetiva utilização e inserção num sistema de finalidades, são fatos *toto coelo*** separados entre si; de que algo existente, de algum modo concretizado, será sempre reinterpretado, com vistas a novos propósitos, por um poder superior a ele, sendo apropriado de um modo novo, transformado e adaptado a uma nova utilidade por um poder

---

*Causa da origem. *(N. do T.)*

**Totalmente. (*N. do T.*)

superior a ele; de que todo acontecimento no mundo orgânico é um *sobrepujar*, um *assenhorear-se*, pois todo sobrepujar e assenhorear-se é uma reinterpretação e reajuste, ante os quais o "sentido" e a "finalidade" anteriores devem ser necessariamente obscurecidos ou mesmo abolidos por completo. Por melhor que se compreenda a *utilidade* de um órgão fisiológico (ou de uma instituição jurídica, de um hábito social, de uma prática política, de um padrão nas artes ou no culto religioso), isso em nada facilita a compreensão quanto à sua formação: por mais incômodo e desagradável que tal enunciado soe aos ouvidos mais velhos – pois desde a antiguidade se acreditou que na finalidade demonstrável, na utilidade de uma coisa, um padrão e uma instituição, revelava-se também o motivo de suas respectivas formações, assim como se concebe o olho como feito para ver e a mão para pegar. Dessa maneira, também se considerou o castigo para castigar. Porém, toda finalidade, toda validade são apenas *indícios* de que uma vontade de poder chegou ao domínio sobre algo menos poderoso e imprimiu-lhe o sentido de uma função; e toda a história de uma "coisa", um órgão e um costume pode portanto ser uma sequência ininterrupta de novas interpretações e reajustes, cujas causas nem sequer precisam relacionar-se entre si, pois em certas circunstâncias seguem-se e se substituem de maneira puramente casual. Por essa ótica, o "desenvolvimento" de uma coisa, de um costume, de um órgão, é tudo, menos o seu *progressus* quanto a uma meta e menos ainda um *progressus* lógico e meteórico, alcançado com dispêndio mínimo de força – trata-se da sequência dos processos de subjugação, mais ou menos profunda, de maior ou menor interdependência, que opera na própria coisa, acrescentando-se as resistências a ela opostas em cada caso, as metamorfoses intentadas com uma finalidade de defesa e reação, assim como os resultados de ações opositoras bem-sucedidas. A forma é fluida, mas o "sentido" é ainda mais... Mesmo dentro de cada organismo não é diferente: em qualquer crescimento essencial do todo há também o remanejamento do "sentido" de cada um dos órgãos individuais – em certas circunstâncias a sua ruína parcial, a sua diminuição numérica (na extinção dos membros intermediários, por exemplo) pode constituir sinal de crescente tonificação e perfeição. Quero dizer que até a *inutilização* parcial, a atrofia e a degeneração, a perda de sentido e conveniência e, abreviando, a morte, pertencem às condições do verdadeiro *progressus*; este sempre se manifesta na forma de uma vontade e caminho para um *poder maior*, impondo-se sempre à custa de inúmeros poderes menores. A grandeza de um "progresso" se *mede* pela massa de tudo que foi necessário sacrificar na sua trajetória; sacrificar a humanidade, na condição de massa, para o êxito de uma única e *mais forte* espécie de homem – *isso* seria um progresso... Realço este ponto de vista principal da metódica histórica tanto mais porque ele, no fundo, vai contra os instintos e o gosto da época hoje dominantes, que antes prefeririam até pactuar com a casualidade absoluta, ou mesmo com a insensatez mecânica de todos os fenômenos, em vez de aceitar a teoria sobre um *vontade de poder* se manifestando em todos os fenômenos. A idiossincrasia democrática contra tudo que domina e quer dominar, o misarquismo (para formar uma palavra ruim para algo ruim) moderno vem de tal maneira se infiltrando e mascarando gradualmente no plano espiritual, no nível mais espiritual, que podem *penetrar* hoje, passo a passo, até nas ciências mais rigorosas e aparentemente objetivas; sim, ao que me parece já se assenhorearam de toda a fisiologia e de toda a doutrina de vida, para o prejuízo desta, como é bem compreensível, já que lhes retiram um conceito básico, o da *atividade* autêntica. Sob a pressão de tal idiossincrasia coloca-se a "adaptação" em primeiro plano, ou seja, se concede primazia a uma atividade de segunda categoria, uma reatividade; chega-se a definir a própria vida como uma adaptação interna sempre mais eficiente ante condições externas (Herbert Spencer). Porém, com isso se desconhece a essência da vida, sua *vontade de poder*; com isso se desconhece a supremacia de princípios que possuem forças espontâneas, agressivas, invasoras, criadoras de novas interpretações, de novas direções e formas, por cuja atuação só surge a "adaptação"; assim se nega, no próprio organismo, o papel dominante dos funcionários superiores, nos quais a vontade de vida se manifesta ativa e modeladora. Lembremo-nos do que Huxley reprovou em Spencer – seu "niilismo administrativo": porém, trata-se de algo mais que "administrar"...

13.

– Retomando o assunto, ou seja, o *castigo*, há que se diferenciar dois aspectos: sua condição relativamente *duradoura*, o costume, o ato, o "drama", uma certa sequência rigorosa de procedimentos, e sua *fluidez*, o sentido, a finalidade, expectativa vinculada à realização de tais procedimentos. Daí, *per analogiam**, sem mais delongas, pressupõe-se que, conforme o ponto de vista principal da metódica histórica que acabamos de expor, o próprio procedimento é algo mais velho e anterior à sua utilização para o castigo, e que este último (já desde muito existente, mas usado com sentido diferente) só foi *introduzido* mais tarde na interpretação do procedimento, em suma, as coisas não são como supuseram até agora nossos ingênuos genealogistas da moral e do direito, visto que imaginavam o procedimento *inventado* para a finalidade de castigo, assim como se imaginava anteriormente a mão inventada para a finalidade de pegar. No que se refere ao outro elemento do castigo, o fluido, seu "sentido", ocorre que numa condição muito tardia da cultura (na Europa de hoje, por exemplo) o conceito de "castigo" não apresenta mais um único sentido, mas toda uma síntese de "sentidos": a história anterior do castigo, em

---

*Por analogia. *(N. do T.)*

geral, a história da sua utilização para as mais diversas finalidades cristaliza-se por fim numa espécie de unidade difícil de dissolver, difícil de analisar e que, deve-se frisar, mostra-se totalmente *indefinível*. (Hoje é impossível dizer com precisão por que se castiga: todos os conceitos em que se condensa semiologicamente um processo inteiro eximem-se de definição; só é definível aquilo que não tem uma história.) Em estágio mais antigo, essa síntese de "sentidos" se configura mais dissolúvel e também mais diversificada; ainda se pode perceber como os elementos da síntese modificam sua valência e, portanto, sua ordem em cada caso particular, de tal maneira que logo um ou outro elemento, à custa dos demais, chega a destaque e domínio; em certas circunstâncias, um elemento (a finalidade de intimidar, por exemplo) parece suprimir todos os demais. Para dar ao menos uma ideia de como "o sentido" do castigo é insólito, adicional, acidental e como um mesmo e idêntico procedimento pode ser utilizado, interpretado e reajustado para propósitos totalmente distintos, vou apresentar aqui o esquema a que cheguei, baseando-me em material relativamente escasso e casual. O castigo como imposição da condição inofensiva, como impedimento a danos subsequentes. O castigo como ressarcimento do dano ao prejudicado com qualquer tipo de compensação (também a emocional). O castigo como forma de isolamento de uma perturbação do equilíbrio, impedindo assim o alastramento desta. O castigo como forma de infundir receio àqueles que o determinam e executam. O castigo como um tipo de compensação para as vantagens usufruídas pelo criminoso até o seu momento (tornando-o útil na como escravo na mina, por exemplo). O castigo na forma de eliminação de um elemento que degenera (em certas circunstâncias, de toda uma linhagem, como no direito chinês: constituindo um meio de preservação da pureza da raça ou de manutenção de um tipo social). O castigo como festa, quer dizer, como violação e escárnio de um inimigo finalmente vencido. O castigo como meio de criar memória, seja naquele que o sofre – a chamada "correção" –, seja nas testemunhas de sua execução. O castigo na forma de pagamento de um honorário estipulado pelo poder, que assim protege o malfeitor dos excessos da vingança. O castigo como compromisso com a condição natural da vingança, quando as estirpes poderosas mantêm tal condição e a reivindicam como privilégio. O castigo na forma de declaração e medida de guerra contra um inimigo da paz, da lei, da ordem e da autoridade, a quem, por ser considerado perigoso à comunidade, violador dos pactos referentes aos pressupostos dela, um rebelde, traidor e perturbador da paz, é combatido com os meios que a guerra proporciona. –

14.

Certamente esta lista não está completa; é evidente que o castigo está abarrotado com toda espécie de utilidades. Esta constitui mais uma razão para a prerrogativa de se deduzir no castigo outra *suposta* utilidade, que na consciência popular vigora como a mais essencial – e a fé no castigo, hoje cambaleante por vários motivos, encontra nela seu apoio mais poderoso. O castigo deve possuir a propriedade de despertar o *sentimento de culpa* no culpado, pois sua aplicação procura o verdadeiro *instrumentum* dessa reação anímica chamada "má consciência", "remorso". Mas com isso segue-se até hoje pecando contra a realidade e a psicologia: e muito mais ainda contra a história mais longa do homem, contra sua pré-história! O remorso genuíno é algo extremamente raro entre criminosos e malfeitores, as prisões e cadeias *não* são as incubadoras onde melhor prospera essa espécie de verme roedor – todos os observadores conscienciosos coincidem a esse respeito, em muitos casos proferindo tal juízo com grande má vontade e contra seus desejos mais próprios. Em avaliação geral, o castigo leva à frieza e à dureza;

ele concentra; aguça o sentimento de distância; fortalece o poder de resistência. Quando destroça, às vezes, a energia, e leva a uma prostração lastimável e autorrebaixamento, tal tipo de resultado é com certeza ainda menos agradável que seu efeito normal: caracterizado por seriedade seca e sombria. Contudo, se pensarmos nos milênios *anteriores* à história do homem, poderemos sentenciar sem hesitação que o desenvolvimento do sentimento de culpa foi *bloqueado* da maneira mais enérgica precisamente pelo castigo – ao menos com respeito às vítimas da violência punitiva. Não devemos subestimar até que ponto o próprio criminoso será impedido pelo exame dos procedimentos judiciais e executivos de considerar sua ação, seu tipo de ação, como reprováveis *em si*: pois ele vê exatamente o mesmo tipo de ações perpetrado a serviço da justiça, e designado bom nessa ocasião, praticado em boa consciência: conforme ocorre na espionagem, logro, corrupção, tocaia, e em toda a capciosa e astuta arte policial e acusadora, acrescidos ainda do roubar, subjugar, ultrajar, aprisionar, torturar, assassinar, praticados de maneira sistemática e sem apresentar sequer o afeto da desculpa, tal como ocorre nas diversas espécies de castigo – ações cujos juízes de modo algum reprovam e condenam *em si*, fazendo-o apenas em certo aspecto e em aplicações práticas. A "má consciência", essa planta mais sinistra e interessante da nossa vegetação terrestre, *não* cresceu nesse solo – de fato, durante um tempo muito longo não se manifestava a consciência de que o criminoso fosse um "culpado" nos juízes e mesmo nos executores do castigo. Mas sim como um causador de danos, uma parte irresponsável da fatalidade. E mesmo aquele sobre quem recaía o castigo, como novamente uma parte da fatalidade, não sentia outro "tormento interior" além do surgimento súbito de algo imprevisto, de um terrível fenômeno natural, de uma rocha que despenha e esmaga, contra a qual não se pode lutar.

15.

Tal percepção ocorreu de maneira pérfida à consciência de Espinoza (para desgosto de seus intérpretes, os quais se *esforçam* metodicamente por compreendê-lo mal neste ponto, caso, por exemplo, de Kuno Fischer), quando, certa tarde e talvez incitado por uma recordação, formulou a pergunta sobre o que, afinal, restara para ele próprio da célebre *morsus conscientiae** – ele, que pusera o Bem e o Mal entre as fantasias humanas e defendera com cólera a honra do seu Deus "livre" ante aqueles blasfemadores que afirmavam que Deus faz tudo *sub ratione boni*** ("porém isso significaria subjugar Deus ao destino, e seria na verdade o maior dos absurdos"). Para Espinoza, o mundo havia retornado àquela inocência em que permanecera antes da invenção da má consciência: mas em que se convertera, então, a *morsus conscientiae?* "No contrário do *gaudium****", disse ele afinal – "em tristeza acompanhada pela recordação de uma coisa que passou, que ocorreu contrariando as expectativas." (*Eth. III propos; XVIII schol. I. II.*) Não diferente de Espinoza, ao longo de milênios os malfeitores atingidos pelo castigo sentiram-se assim a respeito de seu "delito": "eu não deveria ter feito isso" – eles se submetiam ao castigo da mesma forma como se submete a uma doença, a uma desgraça ou à morte, com aquele fatalismo valoroso, sem revolta, com que ainda hoje, por exemplo, os russos nos suplantam, a nós, ocidentais, no manejo da vida. Caso houvesse naquela ocasião uma crítica da ação, essa era exercida pela prudência: devemos inquestionavelmente procurar o verdadeiro *efeito* do castigo, sobretudo no aguçamento da prudência, no alongamento da memória, no desejo de seguir rumo ao futuro com mais cau-

---

*Mordida da consciência. *(N. do T.)*

**Por boa razão. *(N. do T.)*

***Alegria. *(N. do E.)*

tela, de modo desconfiado e secreto, no conhecimento de que para muitas coisas se é, de uma vez por todas, demasiadamente fraco, num tipo de aprimoramento da autocrítica. O que se consegue em geral alcançar pelo castigo, tanto no homem quanto no animal, é o aumento do receio, o aguçamento da prudência, o domínio da cobiça: assim o castigo *doma* o homem, sem porém torná-lo "melhor" – com mais razão se afirmaria o contrário. ("O prejuízo torna prudente", diz o povo: e tão logo o faz prudente, torna-o também mau. Felizmente, com frequência ele o torna tolo.)

16.

Neste ponto não mais posso me esquivar de oferecer, com uma primeira expressão preliminar, minha própria hipótese sobre a origem da "má consciência": tal hipótese não é fácil de se apresentar e precisa ser longamente refletida, vigiada e ponderada. Considero a má consciência como a grave moléstia a que o homem teve de sucumbir sob a pressão da mais extremada de todas as modificações por ele vivenciadas – a mudança na ocasião em que ele se achou definitivamente aprisionado sob o dossel da sociedade e da paz. O mesmo que teve de ocorrer com os animais aquáticos, quando se viram forçados a tornar-se animais terrestres ou perecer, ocorreu também com esses semianimais venturosamente adaptados à floresta, à árvore, à perambulação, à aventura – de repente todos os seus instintos foram inutilizados e "suspensos". A partir dali deveriam andar sobre os pés e "carregar a si mesmos", quando até então a água os carregara: um peso terrível incidia sobre eles. Sentiam-se desajeitados para as funções mais simples, não mais possuíam seus antigos guias nesse mundo novo e desconhecido, os instintos reguladores inconscientemente infalíveis – esses infelizes estavam reduzidos ao pensar, deduzir, calcular e combinar as causas e efeitos, reduzidos à sua "consciência", ao seu órgão mais miserável e falível! Creio que jamais houve na Terra tamanho sentimento de desgraça, e tão plúmbeo mal-estar – e mais, aqueles velhos instintos não deixaram, de repente, de apresentar suas reivindicações! Mas era difícil e raramente possível atendê-los: eles tinham, no essencial, de procurar satisfações novas e, a bem dizer, subterrâneas. Todos os instintos que não se desencadeiem para fora *voltam-se para dentro* – isso é o que eu chamo de *interiorização do homem*: só dessa forma se desenvolve no homem aquilo que mais tarde se chama de sua "alma". Todo o mundo interior, originariamente delgado como algo comprimido entre duas epidermes, foi se separando e crescendo, ganhando profundidade, largura e altura na medida em que o homem se viu *inibido* na sua descarga para fora. Aqueles temíveis bastiões com os quais a organização estatal se defendeu dos antigos instintos de liberdade – e os castigos enquadram-se antes de tudo em tais bastiões – fizeram todos esses instintos do homem selvagem e livre em sua perambulação inverterem seu curso e se voltarem *contra o próprio homem*. O ódio, a crueldade, o gosto pela perseguição, no ataque, na mudança e na destruição – tudo isso se voltou contra os possuidores de tais instintos: *essa* é a origem da "má consciência". O homem que, por falta de inimigos e resistências exteriores, aprisionado numa estreiteza opressora e monotonia de costumes, terminou impacientemente dilacerando, perseguindo, corroendo, assustando e maltratando a si próprio, esse animal que se deseja "domesticar" e que se fere ao projetar-se contra as grades da própria gaiola, esse ser despojado que a nostalgia do deserto consome, o qual teve de criar por si próprio uma aventura, um lugar de martírio, uma selva insegura e perigosa – esse tolo, esse prisioneiro saudoso e desesperado foi o inventor da "má consciência". Por meio dela, porém, surgiu a maior e mais sinistra moléstia da qual a humanidade não se curou até hoje, o sofrimento do homem *com o homem em si*: como resultado de uma violenta separação do passado animal, resultado, por assim dizer, de um salto e uma queda em um novo ambiente e novas condições existenciais, resultado de uma declaração de guerra contra os velhos instintos onde repousavam até então a sua força, o seu prazer e o temor que causava. Acrescentamos imediatamente que, com uma alma animal voltada contra si própria, tomando partido contra si mesma, houve na terra algo tão novo, profundo, inaudito, enigmático, contraditório e cheio *de futuro*, de maneira que o aspecto da terra apresentou uma mudança essencial. Na verdade, precisou-se de espectadores divinos para apreciar o espetáculo que se iniciava e cujo fim também não se delineou – um espetáculo suave demais, maravilhoso, paradoxal para se representar sem sentido e despercebidamente sobre qualquer astro ridículo! Desde então o homem consta entre as mais inesperadas e apaixonantes jogadas de sorte na partida da "grande criança" de Heráclito, quer se chame Zeus ou Acaso – ele desperta um interesse, uma tensão, uma esperança, quase uma certeza, como se nele algo se anunciasse, algo se preparasse, como se o homem não fosse uma meta, mas apenas um caminho, um interlúdio, uma ponte, uma grande promessa...

17.

Entre os pressupostos desta hipótese sobre a origem da má consciência, destaca-se, em primeiro lugar, que tal alteração não foi gradual nem espontânea e não se apresentou como crescimento orgânico dentro de novas condições, mas ocorreu como uma ruptura, um salto, uma exigência, uma fatalidade inevitável contra a qual não havia mais qualquer luta e nem mesmo ressentimento. Em segundo lugar, vale ressaltar que a inserção de uma população até então livre e informe num molde rígido, iniciada por ato de violência, só foi levada a cabo com atos de violência – por conseguinte, o "Estado" mais antigo surgiu e seguiu atuando como pavorosa tirania, mecanismo esmagador e desconsiderador, até tal matéria-prima humana e semianimal ficou não só bem-amassada e maleável, mas também *dotada de forma*. Utilizei a palavra "Estado": compreende-se logo a quem me refiro – qualquer horda de predadores louros, raça de conquistadores e senhores que, organizada para a guerra e com o poder de organizar, põe sem hesitação suas terríveis garras sobre uma população talvez muitíssimo superior em número, porém ainda informe e errante. Assim, efetivamente, se inicia o "Estado" na terra: eu penso estar, portanto, refutada aquela fantasia que o supunha surgido por meio de um "contrato". Quem pode comandar, quem é "senhor" por natureza, quem é despótico em obras e gestos – o que tem a ver com contratos! Não se preveem tais seres, eles vêm como o destino, sem motivo, razão, aviso e pretexto, existem assim como o relâmpago, sendo por demais terríveis, súbitos, convincentes, persuasivos e "diferentes" para serem sequer odiados. Sua obra é um instintivo criar formas, imprimir formas, são os artistas mais involuntários e inconscientes – onde surgem, aparece logo algo novo, uma estrutura de domínio *dotada de vida*, e nela as partes e funções se delimitam e conectam, nela absolutamente nada tem lugar sem receber antes um "sentido" em relação ao todo. Eles não sabem o que é culpa, responsabilidade e respeito, esses organizadores natos; neles vigora aquele terrível egoísmo do artista que vê as coisas com olhos de bronze e se sente de antemão justificado por toda a eternidade pela "obra", assim como a mãe pelo filho. A "má consciência" não se formou *neles*, como se percebe de antemão – porém, *sem* eles essa planta feia não cresceria, estaria ausente se, sob a pressão das suas marteladas, da sua violência de artistas, um imenso *quantum* de liberdade não fosse tirado do mundo, ou pelo menos posto fora de vista e tornado, por assim dizer, latente. Esse *instinto de liberdade* tornado latente pela violência – já compreendemos tal fato –, esse instinto de liberdade reprimido, recuado, encarcerado no íntimo, que por fim só se libera e desabafa em si mesmo: isto, apenas isto, foi, em seu início, a *má consciência*.

18.

Evitemos levar em pouca consideração esse fenômeno por ele ser, logo de início, feio e doloroso. No fundo, a força que atua de modo grandioso em tais artistas e organizadores da violência, a força criadora de Estados, é a mesma que então, mais interiorizada, menor e em retrocesso, no "labirinto do peito"*, como fala Goethe, cria a má consciência e constrói ideais negativos, tratando-se, pois, do referido *instinto de liberdade* (falando na minha linguagem: a vontade de poder), apenas a matéria sobre a qual se manifesta a natureza modeladora e tirânica dessa força é aqui o próprio homem, o seu velho Eu animalesco – e *não* como naquele fenômeno maior e mais evidente, o *outro* homem, os *outros homens*. Essa secreta autoviolentação, tal crueldade de artista, esse prazer em dar forma a si mesmo como a uma matéria dura, resistente e paciente, de marcar nela a fogo uma vontade, uma crítica, uma contradição, um desprezo, um Não, esse trabalho sinistro e horrendamente voluptuoso de uma alma voluntariamente discrepante de si mesma, a qual se atormenta por deleite ao causar tormento, toda essa "má consciência" *ativa* acabou produzindo também – como bem se pode perceber –, e como autêntico seio materno de acontecimentos ideais e imaginários uma profusão de belezas e afirmações novas e surpreendentes, sendo talvez a própria beleza... Pois que coisa seria "bela" se o oposto não houvesse, antes, tomado consciência de si mesmo, se o feio não dissesse

*Terceiro verso da última estrofe do poema "An den Mond" [À Lua], de Goethe: "Was, von Menschen nicht gewusst/ Oder nicht bedacht,/ Durch das Labyrinth der Brust/ Wandelt in der Nacht" [Aquilo pelos homens não sabido/ Ou pensado/ Pelo labirinto do peito/ Caminha na noite.] *(N. do T.)*

antes a si próprio: "eu sou feio"?... Ao menos, depois dessa indicação, parecerá menos enigmático o enigma de saber até que ponto pode estar insinuado um ideal de beleza em conceitos contraditórios como *abnegação, autonegação, autossacrifício*; e a partir daí sabemos, não duvido -- de que espécie é, desde o começo, o prazer que *sente* o abnegado, o negador de si mesmo, o que se sacrifica: esse prazer provém da crueldade. – Por enquanto, isso basta sobre a origem do "não egoísmo" como valor *moral* e a demarcação do solo onde esse valor cresceu: só a má consciência, só o desejo de maltratar a si próprio fornecem o pressuposto primeiro para o *valor* do não egoísta.

19.

A má consciência é uma doença, não há dúvida, mas é tão doença quanto a gravidez. Procuremos as condições sob as quais essa doença atingiu seu pico mais terrível e sublime – vejamos o que de fato com ela surgiu no mundo. Para tanto, porém, necessita-se de longo alento – e primeiro devemos recapitular um ponto de vista já exposto. A relação de direito privado entre o devedor e o credor, da qual falamos longamente, foi introduzida mais uma vez e de maneira historicamente estranha e problemática, na interpretação de uma relação que talvez seja para nós, homens modernos, a mais incompreensível: na relação entre *os homens vivos e seus ancestrais*. Dentro da comunidade originária tribal – falo de épocas primitivas – a geração viva sempre reconhece, com relação às gerações anteriores e, em especial, a mais antiga, a fundadora da estirpe, uma obrigação legal (e não mera vinculação afetiva: existem até motivos para contestar que esta última realmente existisse durante o mais longo período da espécie humana). Reina aí a convicção de que a comunidade de fato só existe devido aos sacrifícios e obras dos ancestrais – e que eles devem ser ressarcidos também com obras e sacrifícios: assim se reconhece uma *dívida* a crescer constantemente, pelo fato de que esses antepassados, sobrevivendo como espíritos poderosos, não cessam de conceder novas vantagens e subsídios à estirpe, provenientes de sua força. Por nada, por acaso? Não há qualquer "por nada" para aquelas épocas rudes e "pobres de espírito". O que se poderia restituir a eles? Sacrifícios (inicialmente para a nutrição, entendida no sentido mais tosco), festas, santuários, homenagens e, acima de tudo, obediência – pois os costumes também são, como obras dos ancestrais, dogmas e ordens deles –, é possível lhes dar o bastante? Tal desconfiança permanece e cresce: de tempos em tempos, ela exige resgate global, algo imenso em termos de retribuição ao "credor" (o famigerado sacrifício do primogênito, por exemplo. Sangue, sangue humano em todo caso). De acordo com essa lógica, o medo do antepassado e de seu poder, a consciência de dívida com relação a ele, aumentam necessariamente, na exata medida em que aumenta o próprio poder da estirpe e ela se torna mais vitoriosa, mais independente, mais respeitada e temida. Jamais o contrário! Todo passo para o definhamento da estirpe, todas as eventualidades desastrosas, todos os sinais de degeneração, de dissolução insurgente, *diminuem* o temor ao espírito do fundador, e resultam sempre em aceitação cada vez menor de sua inteligência, capacidade de prover e presença do seu poder. Imaginemos essa rude espécie de lógica chegada à culminância: os antepassados das estirpes *mais poderosas* devem, por meio da fantasia advinda do medo crescente que exercem, assumir, por fim, dimensões gigantescas, retrocedendo à escuridão de temerosidade e irrepresentabilidade divinas – o antepassado termina necessariamente transfigurado em *deus*. Talvez essa seja a própria origem dos deuses, sendo assim proveniente do *medo*!... Caso alguém ache necessário acrescentar: "mas também na piedade!", dificilmente poderia sustentar tal opinião com respeito ao período mais longo da espécie humana, aos seus primórdios. Estaria certo, no entanto, no tangente às épocas *intermediárias* nas quais os gêneros nobres se formaram – os quais de fato devolveram com juros todos os atributos herdados de seus fundadores e antepassados (heróis e deuses), os atributos que, entrementes, neles próprios se manifestavam, os atributos *nobres*. Sobre o enobrecimento e aristocratização dos deuses (o que por certo nada tem a ver com sua "santificação") lançaremos um olhar mais tarde; por enquanto, sigamos até o fim apenas o trajeto desse desenvolvimento de toda a consciência de culpa.

20.

A história mostra que a consciência de dívidas para com a divindade não se extinguiu nem mesmo após a decadência do tipo de organização de "comunidade" baseada no parentesco sanguíneo; da mesma maneira que a humanidade herdou os conceitos "bom" e "mau" da nobreza de estirpe (junto com a tendência psicológica básica de estabelecer hierarquias), recebeu também, como herança das divindades de estirpe e da tribo, a pressão das dívidas não pagas e o desejo de resgatá-las. (A transição se deu por aquelas vastas populações de escravos e servos, as quais, quer por imposição, quer por *mimicry**, adaptaram-se ao culto dos deuses de seus senhores: a partir delas, essa herança se espalhou em todas as direções). O sentimento de culpa para com a divindade não parou de crescer durante vários milênios, e sempre nas mesmas proporções em que cresceram e foram levados às alturas na terra o conceito e o sentimento de Deus. (Toda a história de lutas, vitórias, reconciliações e fusões étnicas, tudo o que precede a hierarquia definitiva de todos os elementos populares em cada grande síntese de raças, reflete-se nos caos das genealogias dos deuses, assim como nas lendas das lutas, vitórias e reconciliações deles; o avanço para reinos universais é também o avanço para as divindades universais; o despotismo, pela dominação da nobreza

*Mimetismo. *(N. do T.)*

independente, sempre abre o caminho para alguma espécie de monoteísmo.) O surgimento do Deus cristão, o deus máximo alcançado até agora, resultou por decorrência no máximo do sentimento de culpa na Terra. Supondo que tenhamos afinal entrado no movimento *inverso*, poderíamos, então, deduzir com boa probabilidade, com base no irresistível declínio da fé no Deus cristão, que houvesse agora um considerável declínio da consciência de culpa humana; sim, não se pode rejeitar a perspectiva de que a vitória completa e definitiva do ateísmo poderia livrar a humanidade de todo esse sentimento de dívida com relação à sua origem, à *causa prima**. O ateísmo e uma espécie de *segunda inocência*** não se separam. –

21.

Isso é o que preliminarmente teve de ser dito, de modo breve, sobre a relação dos conceitos "culpa" e "dever" com os pressupostos religiosos: até agora deixei intencionalmente de lado a verdadeira moralização desses conceitos (o afundamento deles de volta à consciência, ou mais precisamente a entremeação da má consciência com o conceito de Deus) e cheguei a discorrer, no fecho da seção anterior, como se tal moralização não existisse, e, portanto, como se agora esses conceitos perdessem a sustentação, após seu pressuposto estar acabado, a fé em nosso "credor", em Deus. A realidade, porém, diverge de tal suposição, de maneira terrível. Com a moralização dos conceitos de culpa e dever, com sua canalização para a *má* consciência, fez-se a tentativa de *inverter* a direção do desenvolvimento que acabamos de descrever, ou pelo menos deter sua evolução: agora, de uma vez por todas, *deve-se* excluir, de modo pessimista, justamente a esperança de um resgate definitivo; o olhar deve ser obstaculado

---

*Causa primeira. *(N. do T.)*
***Unschuld*. *(N. do T.)*

e rebatido, desconsolado por férrea impossibilidade; os conceitos de culpa e dever devem voltar-se para trás – mas contra *quem*? Não há dúvida: é antes de tudo contra o "devedor", em quem a má consciência de tal maneira se estabelece, corrói, estende, cresce como um pólipo em amplidão e profundidade, que, por fim, na impossibilidade de pagar a dívida se acaba por conceber também a impossibilidade da penitência, a concepção de que ela é impagável (o "castigo eterno"); e finalmente se volta até contra o "credor": pensamos na *causa prima* do homem, no começo da espécie humana, no seu ancestral, o qual daí em diante está sob uma maldição ("Adão", "pecado original", "falta de liberdade da vontade"), ou se pensa na natureza, em cujo seio o homem surge, a ela se atribuindo doravante o princípio mau ("a diabolização da natureza"), na existência de modo geral, tomada então como *não valiosa em si* (desvio niilista da existência, desejo pelo nada ou pelo que é "oposto", desejo de ser outro, budismo e afins) – até que de repente estamos diante desse expediente paradoxal e terrível, no qual a humanidade torturada encontrou alívio temporário, nesse golpe de gênio do *cristianismo*: Deus sacrificando a si próprio pela culpa do homem, o próprio Deus pagando a si próprio, Deus como criatura única capaz de redimir o homem daquilo tornado irredimível para o próprio homem – o credor se sacrificando por seu devedor, por *amor* (dá para acreditar?), por amor a seu devedor!...

22.

Já se adivinha o que efetivamente aconteceu com tudo isso e *sob* tudo isso: aquele desejo pela autotortura, aquela crueldade reprimida do animal-homem levado à interiorização, afugentado para dentro de si mesmo, encerrado no "Estado" com a finalidade de domesticação, o qual inventou a má consciência para causar o mal em si próprio, depois que a vazão *mais natural* desse querer-causar-mal foi bloqueada – esse homem da má consciência se apoderou da premissa religiosa para levar seu martírio aos extremos de mais sombria dureza e rigor. Uma dívida para com *Deus*: tal pensamento torna-se instrumento de tortura para ele. Concebe em "Deus" os contrastes extremos que pode encontrar para seus autênticos e indeléveis instintos de animal, reinterpreta esses instintos como culpa em relação a Deus (como inimizade, insurreição, motim contra o "Senhor", o "Pai", o progenitor e origem do mundo), angustia-se com a contradição "Deus" e "Diabo", e todo Não que diz a si mesmo, à natureza, à naturalidade, à realidade do seu ser, o projeta fora de si como um Sim, como algo existente, corpóreo, real, como Deus, como santidade de Deus, como Deus juiz, como Deus algoz, como o Além, como eternidade, como martírio infindável, como Inferno, como incomensurabilidade do castigo e da culpa. Trata-se de uma espécie de demência da vontade, no campo da crueldade espiritual, que por certo não tem igual: o *desejo* do homem de se sentir culpado e condenável até o inexpiável, seu *desejo* de imaginar-se castigado sem que jamais o castigo possa ser equivalente à culpa, seu *desejo* de infeccionar e envenenar o âmago mais profundo das coisas com a questão do castigo e da culpa para fechar a si próprio a saída do labirinto de "ideias fixas" de uma vez por todas, seu *desejo* de exigir um ideal – o do "santo Deus" – para, na presença dele, ter certeza palpável da própria indignidade. Oh, demente e triste besta o homem! Que fantasias lhe ocorrem, que coisas antinaturais, que paroxismos de insanidade, que *bestialidade da ideia* irrompe prontamente tão logo lhe surja ligeiro impedimento em ser *besta na ação*!... Tudo isso é interessante ao extremo, mas também de uma tristeza tétrica, sombria e enervante, por isso deve-se impedir veementemente um olhar prolongado a tais abismos. Aqui está a *doença*, não há dúvida, a doença mais terrível que assolou o homem até agora – e quem consegue ainda ouvir (mas hoje não se possuem mais ouvidos para isso!) como, nesta noite de tormento e demência, soou o grito do *amor*, o grito do encantamento de maior êxtase, de redenção *pelo amor*, esse se afasta tomado por invencível horror... Há muito de terrível no homem!... Desde muito a Terra vem sendo um hospício!...

23.

Isso basta, de uma vez por todas, no que concerne à origem do "santo Deus". – Que concepção de deuses, *em si*, não deve conduzir necessariamente a essa depravação da fantasia, cuja apresentação não pudemos dispensar por um momento, que existem formas *mais nobres* de utilizar a invenção poética de deuses além desta autocrucificação e autodegradação do homem, na qual os últimos milênios da Europa tiveram sua maestria – felizmente isso ainda é algo apreensível por qualquer olhar dirigido aos *deuses gregos*, os reflexos de homens mais nobres e senhores de si, nos quais a parte *animal* do homem se sentia divinizada e não dilacerava a si própria, não se enfurecia contra si mesma! Tais gregos serviram-se por muito tempo de seus deuses precisamente para se manter afastados da "má consciência", para seguir contentes com sua liberdade anímica: assim sendo, numa compreensão oposta ao uso que o cristianismo fez do seu Deus. Nesse sentido eles foram *muito longe*, essas magníficas crianças, corajosas como leões; e nada menos que uma autoridade tão grande quanto a do próprio Zeus homérico lhes dá a entender, vez por outra, que eles não levam as coisas muito a sério. "Ah!", disse em certa ocasião – tratava-se do caso de Egisto, caso esse muito sério. –

"Ah, o tanto que os mortais clamam contra os deuses!
Apenas de nós vem o que há de ruim, afirmam eles; porém eles próprios
com sua insensatez,
provocam seus infortúnios, até contra o destino.*

---

*Trecho da *Odisseia*, I, 32-34. *(N. do T.)*

Contudo, aqui se ouve e vê simultaneamente que esse espectador e juiz do Olimpo está longe de sentir-se aborrecido com os homens e pensar mal deles: "Como são *loucos*!", pensa, ao observar os delitos dos mortais – e "loucura", "insensatez" e um pouco de "perturbação na cabeça" são coisas que até os gregos das épocas mais poderosas e valentes *reconheceram* em si mesmos, como razão de muitos malefícios e fatalidades – loucura, e *não* pecado! Compreendem isso?... Mas até essa perturbação era um problema – "Como é ela possível? Afinal, como ela pode ter vindo a cabeças como as *nossas*, nós, de origem nobre, homens de fortuna, de boa constituição, da melhor sociedade, da nobreza e da virtude?" – assim indagou-se o aristocrata grego ao longo de séculos, em vista de todo o horror e crime incompreensíveis a ele, com os quais um de seus semelhantes se maculara. "Um *deus* deve tê-lo transtornado", dizia, por fim, meneando a cabeça... Tal solução é *tipicamente* grega... Dessa forma, os deuses serviam, até certo ponto, para justificar os homens, também na maldade; serviam como causa para o mal – naquela época eles não chamavam a si a responsabilidade do castigo mas, como é *mais nobre*, a da culpa...

24.

– Encerro com três indagações, como bem se vê. "Afinal, aqui se ergue ou se destrói um ideal?", talvez assim me indaguem... Mas já indagaram o bastante a si mesmos sobre como a instauração de cada ideal custou caro na Terra? Sabem quanta realidade teve de ser distorcida e mal interpretada por tais instaurações, quanta mentira teve de ser santificada, quanta consciência perturbada e quanto "Deus" sacrificado a cada vez? Para que um santuário possa ser erguido, *um santuário deve ser destruído*: essa é a lei – que me mostrem um caso em que as coisas não transcorreram assim!... Nós, homens modernos, somos os herdeiros da vivissecção da consciência e autoexperimentação de milênios: aí reside nossa prática mais prolongada, talvez também nossa vocação artística e, em todo caso, nosso refinamento, nosso gosto pervertido. Por tempo demais o homem observou suas inclinações naturais com "olhar ruim", de modo que elas se irmanaram, por fim, à sua "má consciência". Uma tentativa inversa seria, *em si*, possível – mas quem é forte o bastante para executá-la? –, ou seja, as inclinações *antinaturais*, inclinações representadas por todas essas aspirações transcendentais, contrárias aos sentidos, ao instinto, à natureza, ao animal, em suma, os ideais até agora existentes, os quais são todos nocivos à vida, ideais detratores do mundo devem ser irmanados à má consciência. A quem podemos nos dirigir hoje com tais esperanças e pretensões?... Teríamos contra nós justamente os homens *bons*; e além deles, como é óbvio, os indolentes, os conciliadores, os vaidosos, os sonhadores e os fatigados... O que ofende mais profundamente, o que divide de forma tão radical quanto deixar transparecer algo do rigor e da elevação com que alguém trata a si próprio? Em compensação – como todo o mundo se mostra complacente e amável com relação a nós, tão logo façamos como todos e nos "deixemos levar" como todos!... Para tal meta seria preciso *outro* tipo de espírito, diferente daqueles que de fato são de se esperar nesta época: espíritos fortalecidos por guerras e vitórias, para quem a conquista, a aventura, o perigo e até a dor se converteram em necessidade; seria preciso, para tanto, estar acostumado ao ar cortante das alturas, às caminhadas invernais, ao gelo e montanhas de todos os parâmetros; seria necessário, além do mais, um tipo sublime de maldade, de suprema e autoconfiante insolência do conhecimento que é o apanágio da grande saúde, seria preciso exatamente, para dizê-lo de maneira breve e má, essa *grande saúde*!... E ela é, ao menos, possível hoje?... Porém, um dia, em época mais forte e bem diversa deste presente corrompido que duvida de si mesmo, ele deve chegar, ele, o homem redentor dotado de grande amor e desprezo, o espírito criador cuja força impulsionadora sempre o afastará de todo o isolamento e de todo o mais além, cuja solidão o povo compreenderá mal por julgá-la uma fuga *à* realidade – quando na verdade é apenas a imersão, absorção, aprofundamento *na* realidade, para assim extrair, ao retornar à luz, a *redenção* da referida realidade: sua redenção da maldição sobre ela lançada pelo ideal vigente até então. Esse homem do futuro que nos libertará, tanto do ideal até agora existente quanto do que dele *necessariamente cresceri*a, ou seja, da grande náusea, do desejo pelo nada, do niilismo, esse tocar de sinos do meio-dia e da grande decisão que torna a vontade livre outra vez, que restitui à terra sua finalidade e ao homem sua esperança, esse anticristão e antinillista, esse vencedor de Deus e do nada – *ele deve vir um dia*...

25.

– Mas o que estou dizendo? Basta! Basta! Neste ponto só me convém calar-me: Caso contrário estaria atentando contra algo apenas facultado a alguém mais jovem, a um mais "futuro" e mais forte que eu – terreno franqueado apenas a Zaratustra, *Zaratustra, o ateu*...

3

Terceiro tratado
O que significam os ideais ascéticos?

Descuidados, zombeteiros, violentos –
assim nos quer a sabedoria: ela é uma
mulher, ela ama somente um guerreiro.

Assim falou Zaratustra

1.

O que significam os ideais ascéticos? – Para os artistas nada, ou coisas demais; para os filósofos e eruditos, algo como faro e instinto para as condições mais propícias à elevada espiritualidade; para as mulheres, na melhor das hipóteses, *mais* uma amabilidade da sedução, um pouco da *morbidezza* sobre a carne bonita, a angelitude de um belo e gordo animal; para os fisiologicamente fracassados e deformados (caso da *maioria* dos mortais) a tentativa de parecer "bom demais" para este mundo, uma santa forma de devassidão, sem recurso principal de luta contra a dor prolongada e o enfado; para os sacerdotes, a genuína fé sacerdotal, seu melhor instrumento de poder e a "suprema" autorização para o poder; para os santos, por fim, pretexto para o sono hibernal, sua *novissima gloriae cupido**, seu repouso no nada ("Deus"), sua forma de alienação. O fato

*Mais nova cupidez de glória. *(N. do T.)*

do ideal ascético, de um modo geral, ter significado tanto para o homem exprime o traço fundamental da vontade humana, seu *horror vacui**: *ele precisa de uma meta* – prefere *querer o nada a nada querer.* Compreendem-me?... Fui compreendido?...

"*Absolutamente não, caro senhor!*" – Comecemos, então, do princípio.

2.

O que significam os ideais ascéticos? – Ou, destacando um caso isolado em relação ao qual sou consultado com bastante frequência, o que significa, por exemplo, o fato de um artista como Richard Wagner ter rendido homenagem à castidade, em seus dias de velhice? Em certo sentido, ele de fato sempre o fizera; mas somente no momento final o fez com sentido ascético. O que significa tal mudança de "sentido", essa alteração radical de sentido? – pois foi isso que ocorreu, Wagner saltou diretamente para sua antítese. O que significa esse salto dado por um artista para sua antítese?... Aqui nos vem, fazendo uma pequena pausa nesta questão, a recordação da que foi talvez a melhor, mais forte, mais bem-humorada e mais *corajosa* época na vida de Wagner: a ocasião em que o casamento de Lutero lhe ocupava os pensamentos, íntima e profundamente. Quem poderá saber que acasos influíram efetivamente para termos hoje, no lugar dessa música nupcial, os *Meistersingers***? E quanto dela seguirá porventura, ressoando neles? Mas não resta dúvida de que também nesse "casamento de Lutero"*** tratava-se de um louvor à castidade. No entanto, também de um louvor à sensualidade – e justamente assim me pareceria certo, seria "wagneriano". Pois entre castidade e sensualidade

---

*Horror ao vazio. *(N. do T.)*

**"Mestres cantores de Nuremberg", ópera de Wagner. (*N. do E.*)

***"Casamento de Lutero" é o tema de um drama que Wagner não chegou a compor. Já *Os mestres cantores de Nuremberg (Meistersingers)*, foi uma ópera composta por ele em 1868. *(N. do E.)*

não há qualquer incompatibilidade obrigatória: todo bom casamento, toda paixão genuína transcende tal incompatibilidade. Wagner teria, ao que parece, feito bem em trazer novamente essa realidade *agradável* à alma de seus alemães, com a ajuda de uma comédia de Lutero, graciosa e valente, pois há e sempre houve entre os alemães muitos caluniadores da sensualidade; e talvez o mérito de Lutero em nenhuma outra coisa tenha sido maior que na coragem de assumir sua *sensualidade* (– naquela época chamada, com bastante delicadeza, de "liberdade evangélica"...). Mas até no caso em que existe de fato tal contraste entre castidade e sensualidade, por sorte não é necessário, em absoluto, que se trate de contraste trágico. Isto deveria, ao menos, valer para todos os mortais dotados de melhor constituição e melhor índole, que estão longe de, sem mais nem menos, considerar seu delicado equilíbrio entre "animal e anjo" como objeção à existência – os mais apurados e lúcidos, como Goethe e Hafiz, chegam a ver nisso *mais* um estímulo da vida. Tais "discrepâncias" são precisamente a sedução da existência... Por outro lado, fica bem claro que quando os infelizes suínos são levados à idolatrar a castidade – existem tais suínos! –, eles verão e adorarão nela apenas essa antítese de si mesmos, a antítese dos infelizes suínos – oh, é fácil imaginar com que trágico grunhido e fervor eles o fazem! –, essa antítese penosa e inútil que Richard Wagner, no final da vida, ainda quis sem dúvida introduzir na música e pôr em cena. *Mas para quê*? – seria válido perguntar. Em que lhe importavam os suínos, em que nos importam? –

3.

Por certo aqui não podemos fugir àquela outra pergunta, sobre em que lhe importava efetivamente aquela varonil (oh, tão pouco varonil) "simplicidade da terra", aquele Parsifal pobre-diabo e agreste, a quem acabou tornando católico mediante recursos capciosos – como? Foi esse Parsifal realmente levado *a sério*? Poderíamos estar tentados a presumir o contrário, e mesmo desejá-lo – isto é, o Parsifal* wagneriano planejado com alegria como, a bem dizer, o epílogo e drama satírico com que o poeta trágico Wagner quis despedir-se de nós e também de si próprio, e antes de tudo *da tragédia*, agindo de modo realmente conveniente e digno dele, ou seja, com excesso da mais alta e maliciosa paródia do próprio trágico, de toda a horrível seriedade e lamentação terrestre de outrora, a paródia da forma *mais rude*, finalmente vencida, existente na antinatureza do ideal ascético. Isso, ao que disse, teria realmente sido digno de um grande poeta trágico: o qual, a exemplo de qualquer artista, alcança o ponto mais elevado de sua grandeza apenas no momento em que sabe ver a si próprio e à sua arte *abaixo* dele – ao rir de si. É o Parsifal de Wagner seu riso secreto de superioridade sobre si mesmo, o triunfo de conquista de sua última e suprema liberdade artística, de sua transcendência de artista? Queríamos, como disse, desejá-lo: pois o que seria esse Parsifal, com seriedade? É realmente necessário ver nele (como foi uma vez dito a mim) "o produto de um ódio insensato ao conhecimento, ao espírito e à sensualidade"? Uma maldição lançada sobre os sentidos e o espírito *num só* ódio e alento? Uma apostasia e inversão para os ideais doentiamente cristãos e obscurantistas? E seria, por fim, até um negar a si próprio, um passar por si mesmo por parte de artista que até então dedicara toda a força de vontade ao oposto, ou seja, à suprema *espiritualização* e *sensualização* de sua arte? Não só de sua arte: de sua vida, também. Lembremo-nos de como, maravilhado, Wagner seguiu as pegadas do filósofo Feuerbach: a expressão feuerbachiana "sensualidade sadia" – soou para Wagner, nos anos 1830 e 1840, da mesma forma como para muitos alemães (eles se denominavam os "jovens alemães") como a palavra da Salvação. Terá ele, afi-

---

**Parsifal* é uma ópera de três atos composta por Wagner. *(N. do E.)*

nal, *desaprendido* isso? Ao menos parece que, por fim, ele teve a vontade de *desensinar* isso... Não só por meio das trombetas desse Parsifal a ressoar do alto de um palco – na turva e mesmo acanhada e desnorteada atividade literária de seus últimos anos há centenas de passagens que revelam desejo e vontade secretos, vontade acovardada, insegura e inconfessa de pregar efetivamente o retorno, a conversão, a negação, o cristianismo, a Idade Média, e dizer a seus discípulos "Tudo isso foi em vão! Procurem a salvação em outro lugar!". Até o "sangue do Redentor" foi uma vez invocado...

4.

Num caso como esse, tão penoso – e se trata de um caso *típico* –, devo expressar minha opinião: certamente age-se da melhor forma ao separar de tal maneira o artista de sua obra, para assim não se poder levá-lo tão a sério quanto a ela. Afinal, ele é apenas a pré-condição para sua obra, o seio materno, o solo, o esterco e o estrume sobre o qual e do qual ela cresce – e assim, na maioria dos casos, algo que se deve esquecer, caso se deseje desfrutar a própria obra. O exame da *origem* de uma obra diz respeito aos fisiólogos e vivisseccionistas do espírito: nunca, em caso algum, aos seres estéticos e aos artistas! Mas tampouco foi poupado ao poeta e ao criador de Parsifal um profundo, fundamental e mesmo terrível interiorizar e vivenciar nos contrastes anímicos medievais, um afastamento hostil de toda elevação, rigor e disciplina do espírito, um tipo de *perversidade* intelectual (se me permitem a expressão) assim como uma mulher grávida não é poupada dos desgostos e caprichos da gravidez: os quais, como foi dito, devemos *esquecer* se quisermos nos alegrar pela criança. Protejamo-nos da confusão em que, por *contiguity** psicológica, para dizê-lo igual aos ingleses, um

*Contiguidade. *(N. do T.)*

artista incorre muito facilmente: a de que ele próprio seja o que ele pode representar, imaginar e exprimir. Se, na verdade, ele o fosse, em hipótese alguma poderia representá-lo, imaginá-lo ou exprimi-lo; um Homero não haveria criado um Aquiles, um Goethe não teria criado um Fausto, se o primeiro tivesse sido um Aquiles e o segundo, um Fausto. O artista perfeito e completo está separado, por toda a eternidade, do "real", do verdadeiro; por outro lado, compreende-se que, às vezes, ele se torne desesperadamente cansado dessa eterna "irrealidade" e falsidade de sua existência mais íntima – e assim talvez faça a tentativa de atirar-se, em dado momento, no que lhe é a maior proibição, no real, ser real. Com que resultado? Dá para adivinhar... Esta é a *típica veleidade* do artista: a mesma veleidade na qual também Wagner incorreu em idade avançada e pela qual teve de expiar de maneira tão cara e fatal (por causa dela, perdeu a parte mais preciosa de seus amigos). Para encerrar, porém, totalmente à parte dessa veleidade, quem de fato não desejaria, pelo bem do próprio Wagner, que ele se tivesse despedido de nós e de sua arte *de outro modo*, não como um Parsifal, porém em estilo mais triunfante, autoconfiante, mais wagneriano – num estilo menos enganador, menos ambíguo em relação a todo o seu querer, menos schopenhaueriano, menos niilista?...

5.

– O que significam, portanto, os ideais ascéticos? No caso do artista nós compreendemos, por fim: *absolutamente nada*!... Ou então tantas coisas diferentes que acabam resultando em absolutamente nada!... Eliminemos em primeiro lugar os artistas: não têm, nem de longe, independência o bastante no mundo e *contra* o mundo para suas avaliações de valores e as mudanças delas advindas merecerem interesse *em si*! Eles foram, em todas as épocas, camareiros de alguma moral, filosofia ou religião; à parte que, infelizmente com bastante frequência, foram cortesãos por demais flexíveis de seus seguidores e mecenas, bem como perspicazes aduladores dos poderosos antigos ou dos novos e ascendentes. Sempre precisam, ao menos, de proteção, de apoio, de autoridade já instituída: os artistas nunca se mantêm por si próprios, estar só vai contra seus instintos mais profundos. Assim, por exemplo, Richard Wagner tomou o filósofo Schopenhauer como seu homem de frente, como sua proteção, quando "era chegado o momento" – quem julgaria sequer imaginável que tivesse a *coragem* para um ideal ascético sem o apoio oferecido pela filosofia de Schopenhauer, sem a autoridade de Schopenhauer, que chegara à predominância na Europa nos anos 1870? (Com isso ainda não se levou em conta se seria ao menos possível a existência de um artista na *nova* Alemanha sem o leite de um modo de pensar devoto ao Reich.*) – Assim chegamos à questão mais séria: o que significaria a reverência ao ideal ascético vinda de um verdadeiro *filósofo*, de um espírito realmente assentado em si próprio como Schopenhauer, de um homem e cavaleiro de olhar de bronze, possuidor da coragem de ser ele mesmo, que sabe estar só e não esperar homens de frente e indicações vindas de cima? – Vamos analisar logo a extraordinária, e para algumas pessoas, fascinante, posição de Schopenhauer quanto à *arte*: pois é evidente que sobretudo devido a ela Richard Wagner se converteu para o lado de Schopenhauer (como se sabe, persuadido por um poeta, Herweg), e de modo tão integral que irrompeu uma total contradição teórica entre sua inicial e sua posterior fé estética –, a primeira, por exemplo, expressa em *Ópera e Drama* e a última nos escritos por ele pu-

---

**Die Milch der formmer Denkart* (o leite da mentalidade devota) é um conhecido verso de Schiller, no monólogo de Guilherme Tell (quarto ato, terceira cena). Nietzsche o parodia, acrescentando *reichfrom* (devoto ao Reich). *(N. do T.)*

blicados a partir de 1870. Em especial, e tal fato talvez constitua o motivo de maior surpresa, a partir de então Wagner modificou, sem a mínima consideração, seu julgamento sobre o valor e a posição da própria *música*: o que lhe importava se até então fizera da música um meio, um *medium*, uma "mulher" que para florescer precisava sem dúvida de um objetivo, de um homem – ou seja, do drama! De repente compreendeu que com a teoria e inovação de Schopenhauer havia mais a fazer *in majorem musicae gloriam**, ou seja, pela *soberania* da música, tal como Schopenhauer a compreendia: a música colocada à parte em relação a todas as demais artes, a música como a arte independente em si, e *não*, como todas as outras, oferecendo reflexos de fenomenologia mas, ao contrário, falando a linguagem da própria vontade, brotando diretamente do "abismo", como sua revelação mais pessoal, original e imediata. Com essa extraordinária elevação de valor da música, que parecia nascer da filosofia de Schopenhauer, também o próprio *músico* subia de repente a preço inaudito: daí em diante tornou-se um oráculo; um sacerdote, até mais que um sacerdote, uma espécie de porta-voz do "em si" das coisas, um telefone do além – doravante ele não falava apenas de música, esse ventríloquo de Deus – falava de metafísica: e seria de admirar que um dia ele terminasse por falar em ideais *ascéticos*?...

6.

Schopenhauer se valeu da concepção kantiana da questão estética – embora com certeza não a encarasse com olhos kantianos. Kant pensou ter honrado a arte ao dar preferência e colocar em primeiro plano, entre os predicados do belo, àqueles que constituem a honra do conhecimento: impessoalidade e universalidade. Esse não é o lugar para examinar se isso foi

---

*Para maior glória da música. *(N. do T.)*

um erro essencial; o que desejo frisar é que Kant, como todos os filósofos, em vez de encarar o problema estético do ponto de vista das vivências do artista (do criador), refletiu sobre a arte e o belo com base apenas no ponto de vista do "espectador", e ao fazê-lo introduziu, sem perceber, o próprio "espectador" no conceito de "belo". Se esse "espectador" ao menos fosse suficientemente conhecido pelos filósofos do belo! – conhecido como um grande fato e experiência *pessoal*, como uma plenitude de singularíssimas e poderosas vivências, desejos, cobiças, surpresas e encantamentos no âmbito do belo! Mas sempre sucedeu, receio, o contrário; e assim, logo a princípio recebemos deles definições nas quais, como na célebre definição de Kant para o belo, a falta de uma experiência pessoal mais aprimorada se apresenta sob a forma de robusto verme do engano. "Belo é", disse Kant, "aquilo que agrada *sem interesse*". Sem interesse! Comparemos tal definição a outra, feita por verdadeiro "espectador" e artista – Stendhal, que certa vez chamou o belo de *une promesse de bonheur**. Aí, em todo o caso, é refutado e eliminado justamente aquilo que Kant realça com exclusividade na condição estética: *le désintéressement***. Quem está com a razão, Kant ou Stendhal? – Visto ser certo que nossos estetas não se cansam de pôr na balança, em favor de Kant, o fato de que sob a magia da beleza é possível contemplar "desinteressadamente" *até* estátuas femininas despidas, poderíamos assim rir um pouco deles – as experiências do *artista* são, com relação a esse ponto embaraçoso, "mais interessantes", e Pigmalião não foi, de qualquer forma, necessariamente um "homem antiesteta". Pensemos melhor sobre a inocência dos nossos estetas, refletida em tais argumentos; prestemos, por exemplo, honras a Kant no que diz respeito ao que este, com ingenuidade própria de um pároco de aldeia, sabe ensinar sobre a peculiaridade do

*Uma promessa de felicidade. *(N. do T.)*
**O desinteresse. *(N. do T.)*

sentido de tato. – E aqui voltamos a Schopenhauer, que teve com as artes vinculação maior daquela de Kant e que, todavia, não saiu da linha de definição de Kant: como pôde ser? A questão é bastante curiosa: a expressão "sem interesse" foi interpretada por ele de forma mais pessoal, pois provinha de experiência que, para ele, tinha de ser das mais normais. Sobre poucas coisas Schopenhauer discorria com tanta segurança quanto sobre o efeito da contemplação estética: atribuiu-lhe justamente a propriedade de agir contra a atração *sexual*, como a lupulina e a cânfora; ele jamais se cansou de enaltecer *essa* fuga à "vontade" como o grande mérito e serventia da condição estética. Mas também se poderia ser tentado a indagar se sua concepção fundamental de "vontade e representação", o pensamento de que somente pode existir liberdade quanto à "vontade" através da "representação", não se originou em uma generalização feita a partir dessa experiência sexual. (Diga-se de passagem, que no que tange a todas as questões referentes à filosofia schopenhaueriana jamais se deve esquecer que ela é a concepção de um jovem de 26 anos; dessa forma não se trata apenas de algo próprio de Schopenhauer mas também de algo próprio àquela época de sua vida). Ouçamos, por exemplo, uma das passagens mais expressivas entre as incontáveis por ele escritas em homenagem à condição estética (*Mundo como vontade e representação,* III, seção 38), ouçamos bem o tom, o sofrimento, a alegria, a gratidão com que tais palavras foram ditas: "Esta é a condição indolor que Epicuro louvava como bem supremo e condição dos deuses; nós estamos, por esse momento, libertados do vil apelo da vontade, nós festejamos o *Sabbat** livre do trabalho forçado da vontade, a roda de Íxion se detém...". Que veemência nas palavras! Que quadro de angústia e de longo enfado! Que confrontação quase patológica de tempos entre, por exemplo, "por esse momento", e

*Sábado. *(N. do T.)*

a "roda de Íxion", "trabalho forçado da vontade" e "vil apelo da vontade"! – Mesmo levando-se em conta que, na parte que lhe tocava, Schopenhauer tivesse mil vezes razão, o que se conseguiria com isso para a compreensão da essência do belo? Schopenhauer descreveu *um* dos efeitos do belo, a tranquilização da vontade – mas tal efeito é de fato normal? Stendhal, como dito, foi uma natureza não menos sensual, porém mais feliz que Schopenhauer, ressaltou outro efeito do belo: "o belo *promete* felicidade"; segundo ele, o que de fato acontece é exatamente a *excitação da vontade* ("do interesse") por meio do belo. E não se poderia, por fim, objetar ao próprio Schopenhauer que ele não tinha direito algum de se julgar kantiano nesse aspecto, que não entendeu de modo algum com os olhos de Kant a definição kantiana do belo – que também o belo lhe agradava devido a um "interesse", aliás o mais forte e pessoal interesse, o do torturado que se livra de sua tortura?... E, para voltarmos à nossa primeira pergunta, "o que *significa* a reverência de um filósofo ao ideal ascético?", esta é, portanto, pelo menos uma primeira indicação: ele quer *escapar de uma tortura*. –

7.

Protejamo-nos de ensombrecer os semblantes diante da palavra "tortura": precisamente nesse caso há bastante para descontar, bastante para relevar – existe até motivo de riso. Não menosprezemos, sobretudo, o fato de Schopenhauer, que realmente: tratava a sexualidade como inimiga pessoal (incluindo o instrumento da mesma, a mulher, esse *instrumentum diaboli**), precisar de inimigos para mantê-lo de bom humor; o fato de amar palavras ferozes, amargas, sombrias, azinhavradas; de se enraivecer porque queria se enraivecer, por paixão; de que teria adoecido, se tornar um *pessimista* (– pois não o era, por

*Instrumento do diabo. *(N. do T.)*

mais que desejasse) sem inimigos, sem Hegel, sem a mulher, a sensualidade e toda a vontade de existir, prosseguir. Aliás, Schopenhauer nem prosseguiria, pode-se apostar, ele se evadiria: seus inimigos, porém, o detiveram, sempre o reconduziam à existência, sua raiva era, assim como a dos antigos cínicos, seu bálsamo, recreação, pagamento, seu remédio contra o desgosto e sua *felicidade*. Isso é o que diz respeito ao que há de mais pessoal no caso de Schopenhauer; por outro lado, há nele algo típico – e só aqui retornamos à nossa questão. Mostra-se indiscutível, enquanto houver filósofos na Terra, e onde quer que tenham existido (da Índia à Inglaterra, para tomar os pólos opostos do talento filosófico), a existência de uma verdadeira irritação e rancor filosófico para com a sensualidade – Schopenhauer é apenas o mais eloquente, caso se tenha ouvidos para isso, e também o mais arrojado e deslumbrante entre tais arrebatamentos; existe igualmente uma verdadeira parcialidade e predileção dos filósofos pelo ideal ascético, esse é fato sobre o qual e frente ao qual não nos devemos iludir. Tanto essa parcialidade como essa predileção formam, como foi dito, parte do filósofo; se ambas lhe faltam, então ele – podemos estar certos – não passa de um filósofo "faz de conta". O que *significa* isso? Devemos antes interpretar essa verdade: ela existe *em si*, estúpida por toda a eternidade, como qualquer "coisa em si". Todo animal, e por conseguinte também *la bête philosophe**, esforça-se instintivamente por um *optimum* de condições favoráveis sob as quais sua força possa desabrochar de maneira completa e alcançar o máximo em sentimentos de poder; todo animal, até por instinto e por apurado o faro, que "é superior a toda razão", sente horror ante todo tipo de perturbação e obstáculos que se interponham ou possam se interpor nesse caminho para o *optimum* (– não me refiro a seu caminho para a "felicidade" e sim a seu caminho para o poder, a ação, o fazer mais poderoso e, efetivamente, o

*O animal filósofo. *(N. do T.)*

seu caminho para a infelicidade na maioria dos casos). Dessa maneira o filósofo tem horror ao *casamento*, juntamente com tudo que a ele possa conduzir – o casamento representa obstáculo e fatalidade em seu caminho para o *optimum*. Qual dos grandes filósofos foi casado? Heráclito, Platão, Descartes, Espinoza, Leibniz, Kant e Schopenhauer não foram; mais ainda, nem sequer podemos *imaginá-los* casados. Um filósofo casado situa-se no palco *da comédia*, esta é minha tese; e, ao que parece, a exceção Sócrates – o malicioso Sócrates parece ter se casado por ironia, justamente para endossar esta tese. Qualquer filósofo diria o mesmo que Buda quando lhe foi comunicado o nascimento do filho: "Râhula nasceu para mim, um grilhão foi forjado para mim" (Râhula significa aqui "um pequeno demônio"); para todo "espírito livre" deveria chegar uma hora de reflexão, supondo que antes houvesse uma hora vazia de pensamentos, assim como ocorreu outrora ao próprio Buda – "estreita e oprimida", refletiu ele, "é a vida em casa, um lugar de impureza; a liberdade está no abandonar a casa": "tão logo chegou a tal conclusão, abandonou-a". No ideal ascético são indicadas tantas pontes para a *independência* que um filósofo não pode deixar de sentir júbilo e aplaudir em seu íntimo ao escutar a história de todos esses homens resolutos, que um dia disseram Não a toda servidão e foram para algum *deserto*: mesmo levando-se em conta que fossem apenas grandes asnos e contrapontos absolutos de um espírito poderoso. O que significa então o ideal ascético para um filósofo? A minha resposta é – já se terá adivinhado há muito: contemplando-o, o filósofo sorri, ao divisar um *optimum* de condições para a espiritualidade mais elevada e ousada – ele não nega a "existência" por meio desse ideal mas, ao contrário, afirma *sua* existência e *apenas* sua existência, e isso talvez ao ponto de não estar longe desse desejo perverso: *pereat mundus, fiat philosophia, fiat philosophus, fiam!...**

---

*Pereça o mundo, faça-se a filosofia, faça-se o filósofo, faça-se eu!... *(N. do T.)*

8.

Pode-se ver que esses filósofos não são, de modo algum, testemunhas e juízes incorruptíveis quanto ao valor do ideal ascético! Eles pensam *em si* – em que "o santo" lhes importa! Pensam naquilo que lhes é mais imprescindível: estar livre da obrigação, da coação, da perturbação, do barulho, dos negócios, dos deveres e das preocupações; lucidez na cabeça, dança, salto e voo dos pensamentos; um ar bom, leve, claro, livre e seco como nas altitudes, onde toda a condição animal se torna mais espiritual e recebe asas; calma em todos os subterrâneos; todos os cachorros bem presos à corrente; nenhum latido de ódio e rancor hirsuto; nenhum verme corroendo a ambição ferida; vísceras modestas e submissas, aplicadas como no trabalho dos moinhos, porém esquecidas; o coração estranho, no mais além, futuro, póstumo – em resumo, pensam no ideal ascético numa forma jovial de ascetismo de um animal divinizado em que brotam asas, animal esse que mais voa sobre a vida do que nela descansa. Conhecemos as três palavras-chave do ideal ascético: pobreza, humildade, castidade; agora examinemos de perto a vida dos espíritos grandes, frutíferos, inventivos – sempre achamos, em certo grau, essas três coisas. *Não* são, de forma alguma, como bem se compreende, vistas como talvez suas "virtudes" – o que tal tipo de homem tem a ver com as virtudes! – mas como as condições mais próprias e naturais de sua existência *melhor*, de fecundidade *mais bela*. Portanto, é mais que provável que sua espiritualidade dominante ponha, de antemão, freio em seu orgulho indomável e excitável e na maliciosa sensualidade, ou que lhe tenha custado bastante persistir em seu desejo pelo "deserto" diante de uma inclinação ao luxo e ao mais requintado, assim como diante de uma pródiga liberalidade de coração e mão. Porém, essa espiritualidade o fez justamente quando o instinto *dominante* impunha suas exigências a todos os demais instintos – e continua a fazê-lo; se não o fizesse, não chegaria efetivamente ao domínio. Nada há de "virtude" nessa atitude, portanto. Quanto ao *deserto* do qual falava há pouco, para onde se retiram e se isolam os espíritos fortes, de natureza independente – oh, como é diferente, quando comparado àquele sonhado pelos eruditos! – às vezes eles próprios, esses eruditos, são o deserto. E com certeza nenhum ator do intelecto resistiria a tal deserto por um minuto – para eles, o deserto não é romântico e sério o bastante, não é suficientemente teatral! É fato que também nele não faltam camelos: porém, aí acaba qualquer semelhança. Uma obscuridade voluntária, talvez; o evitar a si mesmo; a esquiva ao barulho, veneração, jornal e influência; uma pequena função, vida rotineira, o preferir ocultar-se a se destacar; lidar, de vez em quando, com animais e pássaros inofensivos e alegres, cuja visão seja recreativa; uma montanha por companhia, mas não morta, uma montanha com *olhos* (ou seja, com lagos); e, às vezes, até um quarto em hospedaria aberta a todos e lotada, onde cada qual está sujeito a ser confundido com outro e pode conversar impunemente com qualquer pessoa – eis um "deserto": oh, ele é bastante solitário, creiam! Quando Heráclito se retirou para as terras livres e arcadas do imenso templo de Artemis, esse "deserto" era mais digno, admito: e por que *nos faltam* hoje templos assim? (Talvez não nos faltem: acabo de recordar do meu mais belo quarto de estudos, a Piazza di San Marco, naturalmente, na primavera pela manhã, aquele momento entre as 10 e as 12 horas.) Mas aquilo que Heráclito evitava continua sendo o mesmo que evitamos agora: o barulho e o palavreado democrático dos efésios, sua política, as novidades do Império (o da Pérsia, como bem se compreende), o mercado de bugigangas de "hoje" – pois nós, filósofos, precisamos em primeiro lugar de calma em relação a uma coisa: o "hoje". Veneramos a calma, o frio, o aristocrático, o longínquo, o passado e, de modo geral, tudo aquilo cujo aspecto não leve a alma a se defender e crispar-se – algo com que se possa falar sem elevar a voz. Ouçamos o tom que todo o espírito tem ao falar: cada espírito possui seu tom próprio, ama-o. Aquele ali, por exemplo, deve ser um agitador, ou seja, uma cabeça oca, um pote vazio*: tudo que nele entra, seja o que for, sai com ruído surdo e abrutalhado, carregado com o eco do grande vazio. Aquele, ali, raramente fala sem rouquidão: acaso se tornou rouco *pensando*? Isso seria possível – perguntemos aos fisiólogos –, porém quem pensa em *palavras* pensa como orador e não como pensador (e assim revela que não está pensando em coisas, não está pensando objetivamente, mas apenas com respeito às coisas; na verdade está pensando em *si* e nos ouvintes). O terceiro, ali, discorre de forma inoportuna, aproxima-se demais de nosso corpo, seu hálito nos bafeja, fechamos a boca involuntariamente, embora nos fale por um livro: o tom de seu estilo explica suas razões – ele não tem mais tempo, mal crê em si próprio, falará hoje ou não falará jamais. Porém, um espírito ciente de si fala com brandura; procura o recolhimento, deixa esperarem por ele. Reconhece-se um filósofo porque ele se afasta de três coisas esplendorosas e ruidosas: fama, príncipes e mulheres – com que não digo que esses não lhe acorram. O filósofo se esquiva à luz demasiado intensa: por isso se esquiva à sua época e ao "dia" da mesma. Ele, portanto, é como uma sombra: quanto mais o sol mergulhar maior ela se torna. No que concerne à sua "modéstia", suporta também certa dependência e obscuridade, assim como suporta a escuridão: mais ainda, ele teme a perturbação causada pelo relâmpago, evitando o desamparo de uma árvore demasiadamente isolada e abandonada, na qual todo mau tempo descarrega seu mau humor e todo humor o seu mau tempo. Seu instinto "maternal", o amor secreto que cresce nele, orienta a condições em que se lhe dispense de pensar em si; no mesmo sentido em que

*Nietzsche brinca com a semelhança entre as palavras alemãs *Hohlkopf* (cabeça vazia) e *Hohltopf* (panela, pote vazio). *(N. do T.)*

o instinto materno na mulher manteve, até agora, sua situação de dependência da mulher, de um modo geral. Em última instância tais filósofos exigem bem pouco, seu lema é: "Quem possui torna-se possuído" – e tal atitude, como devo frisar repetidamente, não se deve atribuir a uma virtude, a um desejo meritório de moderação e simplicidade, mas a que o senhor supremo deles assim lhes exige, sagaz e inexoravelmente: este só tem em conta uma coisa, e unicamente por ela acumula e economiza tudo, tempo, força, amor e interesse. Tal tipo de homem não aprecia ser perturbado por inimizades, tampouco por amizades; tais homens esquecem ou desprezam com facilidade. A eles parece de mau gosto representar o mártir; "*sofrer* pela verdade" – isso eles deixam aos ambiciosos e heróis de palco do espírito ou a quem disponha de tempo de sobra (eles próprios, os filósofos, têm algo a *fazer* pela verdade). São parcimoniosos no uso de palavras grandiosas; diz-se que a própria palavra "verdade" os repugna: soa presunçosa... Afinal, no que diz respeito à castidade dos filósofos, esse tipo de espírito evidentemente tem sua fecundidade em algo muito diverso do gerar filhos; talvez também a sobrevivência de seu nome, de sua pequena imortalidade, situe-se em outro plano (na Índia antiga os filósofos se expressavam ainda mais imodestos: "de que serve a descendência àquele cuja alma é o mundo?"). Tal atitude nada tem a ver com a castidade oriunda de algum escrúpulo ascético e ódio aos sentidos, assim como não se trata de castidade quando um atleta ou jóquei se abstém de mulheres: trata-se, ao contrário, da vontade do seu instinto dominante manifesta, pelo menos na época de gravidez. Todo artista sabe como o coito atua prejudicialmente em circunstâncias de grande tensão e preparação mental; os mais poderosos dentre eles, os de instinto mais seguro, não precisam fazer a experiência, a má experiência, para sabê-lo – trata-se simplesmente de seu instinto "maternal" que, para o proveito da obra em gestação, dispõe, sem consideração alguma, de todas as demais reservas, dos subsídios da força e *vigor* da vida animal: a força maior *consome* então a menor. – Pode-se aliás explicar o caso há pouco mencionado, de Schopenhauer, de acordo com esta interpretação: evidentemente a perspectiva do belo atuava nele como estímulo libertador da *força básica* de sua natureza (a força da reflexão e do olhar penetrante); de tal maneira que ela explodiu, então, tornando-se de repente senhora da consciência. Mas isso não exclui em absoluto a possibilidade de que essa singular doçura e plenitude, próprias da condição estética, possam originar-se precisamente no ingrediente "sensualidade" (da mesma forma como dessa fonte brota aquele "idealismo" próprio das moças casadeiras) – a sensualidade, portanto, não é anulada com o surgimento da condição estética, como acreditou Schopenhauer, apenas se transfigura, e não mais se manifesta como estímulo sexual na consciência. (Voltarei a falar sobre esse ponto de vista, relacionando-o a problemas mais delicados da *fisiologia da estética*, ciência tão intocada, tão pouco explorada até hoje.)

9.

Como víamos, certo ascetismo, uma renúncia dura, serena e feita de bom grado se encontra entre as condições favoráveis ao intelectualismo mais elevado e também entre suas consequências mais naturais: logo, não causará antecipado espanto se o ideal ascético sempre houver sido tratado pelos filósofos com certa parcialidade a seu favor. Em verificação histórica séria, fica demonstrado que o vínculo entre o ideal ascético e a filosofia é muito mais forte e rigoroso. Pode-se dizer que somente se apoiando nas *andadeiras* desse ideal a filosofia aprendeu de fato a dar os primeiros passos e passinhos sobre a Terra – ah, ainda tão desajeitada, com fisionomia ainda tão enfastiada, ainda tão ameaçada de cair e tombar prostrada sobre o ventre, essa pequena molenga desastrada, tímida, de pernas tortas! Com a filosofia ocorreu, a princípio, o mesmo que com todas as boas coisas – por muito tempo não ousaram ser elas mesmas, olhavam sempre ao redor para saber se havia alguém disposto a vir em seu auxílio, e mais ainda, tinham medo de todos os que as observassem. Enumeremos, uma a uma, as tendências e virtudes próprias do filósofo – seu impulso para duvidar, seu impulso negador, seu impulso expectativo ("efético"), seu impulso analítico, seu impulso pesquisador, indagador e atrevido, seu impulso comparativo e compensador, seu desejo pela neutralidade e objetividade, seu desejo por todo o *sine ira et studio** – já se terá compreendido que todos esses impulsos estiveram por muito tempo contra as primeiras exigências da moral e da consciência? (para não falar da razão, em termos gerais, a qual Lutero gostava de chamar de "*Fraw Klügin die kluge Hur*"**). Já se terá compreendido bem que um filósofo, chegando à consciência de si, teria de sentir-se a própria encarnação do "*nitimur in vetitum*"*** – e que, por decorrência, se protegeria de "sentir a si mesmo", de chegar à consciência de si?... Como dissemos, esse é o caso de todas as boas coisas das quais hoje nos envaidecemos; mesmo medindo pelos parâmetros dos antigos gregos toda a nossa realidade moderna, na medida em que não seja fraqueza, e sim poder e consciência de poder, apresenta-se como pura *hybris***** e impiedade: pois precisamente as coisas opostas às que hoje apreciamos tiveram por muito tempo a consciência a seu lado e Deus como vigia. *Hybris* é hoje todo o nosso posicionamento diante da natureza, nossa violação dela com o auxílio das máquinas e da criatividade tão irrefletida dos técnicos e engenheiros; *hybris* é nossa atitude diante de

---

*Sem ira ou parcialidade. *(N. do T.)*

**Senhora sábia, a prostituta inteligente. *(N. do T.)*

***Citação retirada dos *Amores*, de Ovídio, que significa "nos lançamos ao proibido". *(N. do E.)*

****Palavra grega que designa o comportamento arbitrário, desrespeitador das normas. Aqui, refere-se a à violação das leis divinas ou naturais. *(N. do E.)*

Deus, quero dizer, diante de qualquer pretensa aranha da finalidade e da ética, situada atrás do grande tecido-rede da causalidade – nós poderíamos dizer, como Carlos, o Temerário, na luta com Luis XI: *je combats l'universelle araignée**; *hybris* é nossa posição para *conosco* – pois experimentamos com nós mesmos o que não nos permitiríamos experimentar com animal algum e, satisfeitos e curiosos, deixamos nossa alma em carne viva: que nos importa a "saúde" da alma? Em seguida nos curamos: estar doente é instrutivo, não duvidemos, mais instrutivo do que estar sadio – os *disseminadores* de doenças nos parecem mais necessários hoje do que quaisquer curandeiros e "salvadores". Agora nos violentamos, não há dúvida, nós, os quebra-nozes da alma, nós, da interrogação e incerteza, que agimos como se a vida nada mais fosse que um quebrar nozes; e justamente por isso a cada dia devemos nos tornar necessariamente mais problemáticos, mais *dignos* de problematizar, e justamente assim, talvez, também mais dignos – de viver?... Todas as coisas boas foram outrora coisas ruins; de todo pecado original surge uma virtude original. O casamento, por exemplo, pareceu por muito tempo uma ofensa ao direito da comunidade; noutras épocas impunha-se uma penitência por se ser tão insolente e se apropriar de uma mulher (isso se revela, por exemplo, no *jus primae noctis***, que ainda hoje no Camboja é prerrogativa dos sacerdotes, esses guardiões "dos bons costumes de outrora"). Os sentimentos suaves, benévolos, condescendentes e compassivos – tão elevados, com o tempo, em termos de valor, a ponto de quase serem "valores em si" – tiveram por muito tempo precisamente a oposição do autodesprezo: o homem envergonhava-se da brandura, como hoje se envergonha da dureza (ver *Para além do bem e do mal*, pág. 156).

---

*Eu combato a aranha universal. *(N. do T.)*

**Direito do senhor feudal de ter a primeira noite com a noiva de seu servo. *(N. do E.)*

A submissão à *lei*: oh, como a consciência das estirpes nobres resistiu em toda parte na Terra à *vendetta** e cedeu a um direito situado acima dela! A "lei" foi por muito tempo um *vetitum***, apareceu com violência, *como* violência a que o homem se resignava apenas devido à vergonha de si mesmo. Cada um dos menores passos na Terra foi, outrora, conquistado através de torturas espirituais e físicas: todo esse ponto de vista, "de que não apenas o dar o passo adiante, mas o simples caminhar, o movimento, a modificação, tenham tido necessariamente seus inúmeros mártires", soa-nos, precisamente hoje, muito estranho – salientei essa realidade em *Aurora*. "Nada custou preço tão alto", disse então, "quanto o pouco de razão humana e de sentimento de liberdade que constituem agora o nosso orgulho. Mas devido a tal orgulho tornou-se quase impossível, para nós, experimentar os mesmos sentimentos existentes naqueles imensos espaços de tempo da 'moralidade da moral', anteriores à 'história do mundo', que são a autêntica e decisiva história primordial, a que estabeleceu o caráter da humanidade: quando em toda a parte se considerava como virtude o sofrimento, a crueldade, o engano, a desforra, a negação do juízo e, por outro lado, como perigo o bem-estar, o desejo de saber, a paz, a piedade, a compaixão, como vergonha ser merecedor de piedade, o trabalho, a demência como divindade, a *mudança* como imoral e corrupção encarnada!"

10.

No mesmo livro, expliquei com que avaliação, sob que *pressão* da avaliação tinha de viver a estirpe mais antiga dos homens contemplativos – desprezada na mesma medida em que não era temida! Foi sob figura disfarçada, de aparência ambígua,

*Vingança. *(N. do T.)*

**Proibição, sacrilégio, inovação. *(N. do. T.)*

de coração perverso, e, amiúde, cabeça atemorizada que a contemplação surgiu pela primeira vez na Terra: disso não há dúvida. A condição inerme, maquinadora e não guerreira dos instintos dos homens contemplativos provocou por muito tempo uma nuvem de desconfiança ao redor: não havia outro meio de combatê-la senão decididamente infundindo *medo* em torno de si. Os antigos brâmanes, por exemplo, sabiam fazê-lo! Os filósofos mais antigos souberam dar à sua existência e aparecimento um sentido, apoio e base, graças aos quais os homens aprenderam a temê-los: considerando a questão com mais exatidão, agiram assim por necessidade ainda mais fundamental, ou seja, a de causar em si próprios medo e respeito. Pois no seu interior tais homens achavam todas as avaliações de valores voltadas *contra* eles próprios, tinham assim de vencer todo tipo de suspeita e resistência contra o "filósofo em si". E, sendo homens de épocas terríveis, fizeram-no por meios terríveis: a crueldade contra si, a automortificação criativa – esse o recurso principal desses eremitas e inovadores do pensamento sedentos de poder, que tinham necessariamente de violar primeiramente os deuses e as tradições dentro de si para assim eles próprios poderem *acreditar* em sua inovação. Relembro a famosa história do rei Vishvamitra que, através de automartírio milenar, adquiriu tal sentimento de poder e confiança que empreendeu a tarefa de construir *um novo céu*: o símbolo sinistro da mais antiga e mais recente história dos filósofos na Terra –, todo aquele que em alguma época construiu um "novo céu" encontrou, antes, a força para tanto em seu *próprio inferno*... Resumamos todos esses fatos em formas abreviadas: a princípio, o espírito filosófico teve de se disfarçar e imitar os tipos *antes estabelecidos* do homem contemplativo, sacerdote, mágico, adivinho e, sobretudo, homem religioso, para, em suma, *poder* existir em certa medida: durante muito tempo o ideal ascético serviu de fachada para o filósofo, de pressuposto existencial – para ser filósofo ele teve de *representar* tal ideal, teve que *acreditar* nele para poder representá-lo. A atitude apartada dos filósofos, peculiarmente negadora do mundo, hostil à vida, descrente dos sentidos e desprovida de sensualidade, mantida até épocas mais recentes e que praticamente valeu como a *atitude filosófica em si mesma* – é antes de tudo consequência da precariedade de condições sob as quais a filosofia surgiu e se manteve de modo geral: já que, por muito tempo, a filosofia *não teria sido absolutamente possível* na Terra sem a manta e o disfarce ascéticos, sem um autoequívoco ascético. Clara e concretamente falando: o *sacerdote ascético* serviu, até pouquíssimo tempo atrás, da repulsiva e sinistra forma larvária, sob a qual, e somente assim, a filosofia pôde viver e rastejar de um lado para outro... E isso realmente se *alterou*? O colorido e perigoso animal de asas, esse "espírito" que tal lagarta escondeu em si, terminou realmente por desvencilhar-se de sua forma de crisálida, podendo sair à luz, graças a um mundo mais ensolarado, cálido e luminoso? Existe hoje bastante orgulho, audácia, bravura, autoconfiança, desejo do espírito pela responsabilidade, bastante *liberdade de vontade* para, doravante, o "filósofo" ser realmente – *possível*?

11.

Agora, depois de receber essa visão do sacerdote *ascético*, voltemos a sério ao corpo do nosso problema: o que significa o ideal ascético? – só agora as coisas se tornam "sérias": temos o verdadeiro *representante da seriedade* bem à nossa frente. "O que significa toda a seriedade?" – talvez tal pergunta ainda mais fundamental, ela já se formula em nossos lábios: pergunta, na verdade, aos fisiólogos, mas que por enquanto deixaremos de lado. O sacerdote ascético tem nesse ideal não apenas sua fé, mas também sua vontade, poder e interesse. Seu *direito* existencial existe ou tomba com esse ideal: não é, portanto, de admirar que nos defrontemos aqui com terrível oponente, caso sejamos os adversários desse ideal? Um adversário terrível, que luta pela vida contra os que repudiam tal ideal?... Por outro lado, parece desde o início improvável que um posicionamento tão interessado por nossa questão lhe seja especialmente proveitoso; o próprio sacerdote ascético dificilmente será, por si próprio, o defensor mais venturoso de seu ideal, pelo mesmo motivo que uma mulher costuma falhar quando deseja defender "a mulher em si" – e muito menos poderá ser o crítico e juiz mais objetivo da agitada controvérsia aqui suscitada. Devemos, portanto, até mesmo ajudá-lo – isso se põe claro agora – a melhor se defender de nós, em vez de temermos ser refutados demasiadamente bem por ele... O pensamento que aqui se combate é a *avaliação* de nossa vida por parte dos sacerdotes ascéticos: essa vida com tudo que a ela pertence, "natureza", "mundo", toda a esfera do devir e da transitoriedade – será posta por eles em relação com uma existência totalmente diferente, da qual é oposta e excludente, *a menos* que volte contra si própria, que *negue a si mesma*: nesse caso, o de uma vida ascética, considera-se a vida como ponte para essa outra existência. O asceta trata a vida como um caminho errado que se tem de percorrer em retrocesso até o ponto onde se inicia; ou como engano que se refuta – que se *deve* refutar através da ação: pois esse engano *exige* que o sigamos e impõe, quando pode, seus pressupostos existenciais. O que significa isso? Tal forma de avaliação monstruosa não está escrita como caso excepcional, ou como curiosidade, na história do homem: ela é um dos fatos mais abrangentes e duradouros que existem. Lida de um astro distante, talvez a inscrição maiúscula da nossa existência terrena levasse à conclusão de que Terra é a verdadeira *estrela ascética*, um recanto de criaturas desgostosas, arrogantes e repulsivas, totalmente incapazes de se livrar de profundo desgosto por si mesmas, pela Terra, por toda a vida, e que infligem a si próprias tanta dor quanto possível, pelo prazer de causar dor: provavelmente seu único prazer. Ponderemos com que regularidade, com que universalidade o sacerdote ascético surge em quase todas as épocas; ele não pertence a qualquer raça particular; floresce por toda parte; aparece em todas as classes. Não que, porventura, tenha cultivado e propagado sua capacidade de avaliação pela descendência: ocorre o contrário – instinto profundo o afasta, em geral, da procriação. Deve ser uma necessidade de primeira ordem a que, de vez em quando, faz crescer e prosperar essa espécie *hostil à vida* – o interesse de que tal tipo de autocontradição não se extinga tem de ser *inerente à própria vida*. Pois a vida ascética é uma autocontradição: nela reina ressentimento sem paralelo, de instinto e desejo de poder não saciados, que querem se tornar senhores, não sobre algum elemento da vida mas sobre a própria vida, sobre suas condições mais profundas, fortes e internas; nela é feita a tentativa de utilizar a força para obstruir as fontes da força; nela se lança um olhar invejoso e pérfido contra o próprio florescimento fisiológico e em especial contra a expressão dele, a beleza, a alegria; experimenta-se e se *busca*, ao contrário, um bem-estar no fracasso, no definhar, na dor, no infortúnio, no feio, no castigo voluntário, na negação de si, na autoflagelação e no autossacrifício. Tudo isso é paradoxo no mais alto grau: aqui estamos diante de discrepância que *deseja*, ela própria, ser discrepância, e se *delicia* consigo mesma nesse sofrimento, chegando a se tornar cada vez mais certa de si, cada vez mais triunfal à medida em que diminui seu próprio pressuposto, a vitalidade fisiológica. "O triunfo exatamente na última agonia": desde sempre o ideal ascético lutou sob esse desígnio superlativo; nesse enigma tentador e nessa imagem de encantamento e martírio ele reconheceu sua luz mais fulgurante, sua salvação, sua vitória final. *Crux, nux, lux** – nele, essas três coisas fundamentais fundem-se numa só.

---

*Cruz, noz, luz. *(N. do T.)*

12.

Suponhamos o que um tão vivo desejo pela contradição antinatureza seja levado a *filosofar*: em que descarregará o seu mais íntimo despotismo? Naquilo que, com toda a certeza, é apreendido como verdadeiro, real: irá procurar o *erro* precisamente onde o verdadeiro instinto de vida assenta a verdade mais incondicional. Por exemplo, ele rebaixará a corporalidade à categoria de ilusão, como faziam os ascetas da filosofia vedanta, e fará o mesmo com a dor, a pluralidade, toda a oposição conceitual entre "sujeito" e "objeto" – erros, nada mais que erros! Recusar a fé em seu eu, negar a si próprio sua "realidade" – que triunfo! – não mais apenas sobre os sentidos, sobre as aparências, e sim um tipo muito mais elevado de triunfo, a violação e a crueldade contra a razão: volúpia que atinge a culminância quando o autodesprezo, o autoescárnio ascético da razão decreta o seguinte: "*há* um reino da verdade e do ser, mas nele a razão é precisamente *excluída*!..." (E, diga-se de passagem: até no conceito de Kant sobre "o caráter inteligível das coisas" resta algo dessa lasciva discrepância ascética que aprecia atirar razão contra razão: "caráter inteligível" significa, no caso de Kant, determinado estado de coisas, o qual o intelecto compreende com precisão como *completamente incompreensível*. – Mas não sejamos, enfim, na precisa condição de seres do conhecimento, ingratos com tais resolutas inversões das perspectivas e valores habituais com que, durante demasiado tempo, o espírito desafogou o furor contra si mesmo de modo aparentemente reprovável e inútil: ver, em dado momento, as coisas de outra maneira, *querer* vê-las de outra maneira constitui disciplina e preparação nada pequenas do intelecto para sua futura "objetividade" – esta última compreendida não como "contemplação sem interesse" (que é um contrassenso e disparate), mas como a faculdade de ter os prós e contras *sob controle* e de poder separá-los e juntá-los, de maneira que saibamos utilizar, para o avanço do conhecimento, justamente as *diferentes* perspectivas e interpretações emocionais. Que de agora em diante nos protejamos melhor, senhores filósofos, com relação à perigosa e antiga fabulação conceitual que criou um "sujeito puro do conhecimento, alheio à vontade, à dor e ao tempo", protejamo-nos dos tentáculos de conceitos contraditórios, como "razão pura", "espiritualidade absoluta", "conhecimento em si"; – aqui será sempre exigido um olho para pensar, que de modo algum pode ser pensado, um olho que não deve ter direção alguma, no qual as forças ativas e interpretativas devem estar reprimidas e ausentes, pois elas são as que fazem com que ver seja apenas um ver algo; portanto, é exigido conceito absurdo e sem sentido do olho. Existe *apenas* um ver perspectivo, apenas um "conhecer perspectivo"; e, *quanto mais* emoções permitamos dizer sua palavra sobre alguma coisa, *quanto mais* olhos, diferentes olhos empreguemos para ver a mesma coisa, tanto mais completa se tornará nossa "ideia" de tal coisa, nossa "objetividade". E se pudéssemos eliminar inteiramente a vontade, desligar as emoções todas, juntas: como?! – não significaria *castrar* o intelecto?...

13.

Retrocedamos, porém. Essa forma de autocontradição, manifesta no asceta, "a vida voltada *contra* a vida", é – e isso logo se põe claro – simples tolice se encarada do ponto de vista fisiológico, em vez da perspectiva psicológica. Tal contradição não pode ser mais que *aparente*; deve ser uma espécie de expressão passageira, interpretação, fórmula, reajuste, equívoco psicológico referente a algo cuja verdadeira natureza não pôde ser compreendida, não pôde ser designada *como ela* por muito tempo – simples palavra entalada em velha *lacuna* do conhecimento humano. Para contrapor brevemente a ela a realidade dos fatos, afirmo: *o ideal ascético nasce do instinto de proteção e cura de uma vida que degenera*, que procura se manter por todos os meios e luta pela sobrevivência; é indício da paralisação e fadiga fisiológicas parciais, contra as quais os instintos mais profundos da vida, que permanecem intactos, combatem constantemente com novos meios e invenções. O ideal ascético é um entre tais meios: sua posição, portanto, opõe-se exatamente àquela imaginada pelos adoradores desse ideal, nele e através dele a vida luta com a morte e *contra* a morte; o ideal ascético é estratagema para a *preservação* da vida. O fato de que tal ideal tenha podido dominar e assenhorear-se do homem, na medida em que a história ensina, especialmente nos lugares onde a civilização e a domesticação do homem foram levadas a cabo, expressa grande realidade: o *estado doentio* do tipo de homem até agora existente, ao menos do homem domesticado; expressa a luta fisiológica do homem com a morte (mais precisamente: com o tédio existencial, com a fadiga e com o desejo pelo "fim"). O sacerdote ascético encarna o desejo de ser outro, de ser –, estar noutro plano, a bem do fato representa o grau máximo desse desejo, sua verdadeira demência e paixão: mas exatamente o *poder* do seu desejo constitui o grilhão a prendê-lo aqui: por isso o sacerdote se converte no instrumento cuja obrigação é trabalhar para criar condições mais propícias ao estar-aqui e o ser-homem – justamente com esse *poder* ele mantém preso à existência todo o rebanho dos malconstituídos, dissonantes, frustrados, infortunados e sofredores de si mesmos, dos mais variados tipos, enquanto instintivamente os precede como pastor. Já me compreendem: esse sacerdote ascético, esse aparente inimigo da vida, esse *negador* – ele exatamente pertence àquelas forças tão abrangentes, *conservadoras* e *afirmadoras* da vida... Em que se apoia sua condição doentia? Pois não há dúvida de que o homem é mais doentio, inseguro, mutável e indefinido do que qualquer animal – ele é o animal doente: de onde vem isso? Por certo ele também ousou, inovou e se obstinou mais, desafiando o destino em medida maior que todos os outros animais juntos: ele, o grande experimentador de si, o descontente, o insaciado, que disputa o último dos domínios com os animais, a natureza e os deuses – ele, o sempre indomado, o eternamente vindouro que, diante da sua própria força compulsiva, não encontra mais descanso algum, de modo que seu futuro o corrói de forma implacável, como um aguilhão na carne de todo o presente – como um animal tão valoroso e rico poderia deixar de ser o mais ameaçado, o mais longa e profundamente doente entre todos os animais doentes?... Frequentemente o homem se farta, havendo verdadeiras epidemias desse estar farto (– como até 1348, à época da dança da morte): mas até essa aversão, essa fadiga, esse tédio para consigo mesmo – tudo se manifesta de forma tão poderosa no homem que logo se torna novo grilhão. O Não dito por ele à vida traz à luz, como por mágica, uma plenitude dos mais ternos Sins; mesmo quando esse mestre da destruição, da autodestruição, fere a si mesmo – o próprio ferimento, a partir de então, o força a *viver*...

14.

Quanto mais normal for a morbidez no homem – não podemos contestar essa normalidade –, tanto mais honrarias devem ser prestadas aos raros casos de poderio anímico-corporal, os *casos afortunados* dos homens, tanto mais rigorosamente se deve preservar os bem-constituídos, do pior dos ares, o ar dos doentes. Nós o fazemos?... Os doentes representam o maior dos perigos para os sadios; não é dos mais fortes que advém o infortúnio dos fortes, porém dos mais fracos. Estamos cientes disso? *Em termos gerais*, não é de modo algum o temor ao homem, aquilo cuja diminuição devamos desejar: pois tal temor obriga os fortes a serem fortes e, sob certas circunstâncias, terríveis – ele mantém *aprumado* o tipo humano bem-constituído. O que há a temer, o que atua fatalmente, como em nenhuma outra fatalidade, não é o grande medo, porém o grande *asco* ao homem; assim como a grande *compaixão* pelo homem. Supondo que um dia essas duas coisas acasalassem, surgiria no mundo, de modo inevitável, algo realmente sinistro, a "última vontade" do homem, seu desejo pelo nada, o niilismo. Na realidade, há muita coisa encaminhada nesse sentido. Quem, para cheirar, possui não só o nariz mas também olhos e ouvidos, fareja, por praticamente toda parte por onde caminha hoje, algo como uma atmosfera de hospício, de hospital – falo, como é óbvio, das áreas culturais do homem, de toda a espécie de "Europa" que pouco a pouco se espalha sobre a terra. Os *doentios* representam o grande perigo para o homem: não os maus, não os "predadores". Os de antemão desgraçados, abatidos e destroçados – são esses, os *mais fracos*, que mais corroem a vida entre os homens, instilando o veneno mais perigoso e abalando nossa confiança na vida, no ser humano, em nós mesmos. Onde se pode escapar a ele, a esse olhar velado que nos causa profunda tristeza, olhar esquivo do malnascido desde as origens, olhar revelador de como tal homem fala consigo mesmo – olhar que é um suspiro? "Pudesse eu ser alguém diferente!", suspira tal olhar: "Porém não há qualquer esperança. Eu sou o que sou: como poderia desembaraçar-me de mim mesmo? Para dizer a verdade – *estou farto de mim*!"... Sobre o solo de tal autodesprezo, de um terreno verdadeiramente pantanoso, cresce toda erva daninha, toda planta venenosa, isso de forma tão modesta, discreta, dissimulada, desleal e doce. Aí fervilham os vermes da desforra e da retaliação; aí o ar fede a coisas secretas e inconfessáveis; aí se tece continuamente a rede da conspiração mais pérfida – a conspiração dos sofredores contra os bem-constituídos e vencedores, aí a respiração do vencedor é *odiada*. E que hipocrisia, de não admitir tal ódio como ódio! Que esbanjamento de grandes palavras e atitudes, que arte na "honrada" calúnia! Esses fracassados: que nobre eloquência lhes jorra dos lábios! Quanta resignação açucarada, viscosa e submissa transborda de seus olhos! Afinal, o que querem? Querem *representar* ao menos a justiça, o amor, a sabedoria, a superioridade – tal a ambição desses "rebaixados", desses doentes! E como essa ambição os torna hábeis! É de admirar, sobretudo, esse talento de falsificadores de moeda, usado então para imitar o cunho da virtude, até no tinir, na ressonância áurea da virtude. Eles agora arrendaram para si toda a virtude, esses fracos e doentes incuráveis, não há dúvida: "apenas nós somos os bons, os justos", dizem, "apenas nós somos os *homines bonae voluntatis**." Circulam entre nós como censuras vivas, advertências a nós dirigidas – como se saúde, boa constituição, vigor, orgulho, sentimento de poder fossem, por si, coisas perversas pelas quais deve-se um dia expiar, expiar amargamente: oh, como no fundo eles próprios estão dispostos a *fazer* expiar e, depois, como anseiam por ser *carrascos*! Entre eles há abundância de sedentos de vingança disfarçados de juízes, os quais trazem persistentemente a palavra *justiça* à boca como saliva venenosa, com a boca sempre em forma de bico, pronta a cuspir em tudo que não tenha olhar descontente e que de bom grado siga a própria estrada. Entre eles também não falta tal espécie mais asquerosa de presunçosos, aberrações hipócritas, empenhadas em representar as "almas belas" e, por exemplo, exibir no mercado, como "pureza do coração", sua sensualidade disforme, envolta em versos e outras ataduras: a espécie de onanistas morais e dos "autocontentadores". O desejo dos doentes em representar *alguma* forma de supremacia, seu instinto pelos rodeios conducentes a uma tirania sobre os sadios – em que lugar não se encontraria esse desejo de poder, típico dos mais fracos! A mulher doente, em especial: ninguém a supera em refinamento para dominar, oprimir e tiranizar. Para atingir tal objetivo, a mulher doente não poupa coisa alguma, viva ou morta, ela desenterra nova-

*Homens de boa vontade. *(N. do T.)*

mente as coisas mais sepultadas (os bogos* dizem: "A mulher é uma hiena"). Olhe-se o interior de qualquer família, corporação, qualquer coletividade: em toda parte nota-se a luta dos doentes contra os sadios – luta silenciosa, na maioria das vezes, levada a cabo com pequenos pós venenosos, alfinetadas, pérfidas representações fisionômicas de mártir, mas às vezes também com o farisaísmo doentio que se vale dos gestos *grandiloquentes*, representado de preferência na forma de "a nobre indignação". Até nos sacrossantos terrenos da ciência queria fazer-se ouvir esse latido rouco de indignação dos cães doentios, assim como a hipocrisia e a cólera mordazes desses "nobres" fariseus (– aos leitores que tenham ouvidos para tanto, recordo novamente o apóstolo berlinense da vingança, Eugen Dühring, que, na Alemanha atual, faz uso dos mais indecentes e repulsivos da ressonância moral: Dühring, o primeiro dentre os fanfarrões morais existentes hoje, mesmo entre seus iguais, os antissemitas). São todos homens do ressentimento, esses fisiologicamente desgraçados e corroídos, pois constituem todo um palpitante terreno de vingança subterrânea, incansável, insaciável em eclosões contra os felizes e, igualmente, no mascaramento da vingança, nos pretextos para a vingança: quando chegariam eles, de fato, a seu último, mais sutil e mais sublime triunfo da vingança? Indubitavelmente, no momento em que conseguissem introduzir sua própria miséria, toda a miséria em geral na consciência dos felizes, de modo que estes acabassem por se envergonhar um dia de sua felicidade, talvez dizendo entre si: "É uma vergonha ser feliz! *Há miséria demais*!"... Porém, não poderia haver mal-entendido maior e mais fatal que o dos felizes, bem-constituídos, poderosos de corpo e alma começarem a duvidar de seu direito à felicidade. Fora com esse "mundo invertido"! Fora com esse vergonhoso debilitamento do sentimento! Que os doentes não tornem

*Bogos: tribo do Norte da Etiópia. *(N. do E.)*

enfermos os sadios – é o que significaria tal debilitamento – deveria ser o postulado supremo na Terra – mas, para tanto, mostra-se necessário, antes de mais nada, que os sadios permaneçam *separados* dos doentes, resguardados até da visão dos doentes, para não se confundirem com eles. Ou sua missão consistiria, por acaso, em ser em enfermeiros, médicos?... Essa seria a pior maneira de desconhecer e negar sua missão – o superior *não se deve* aviltar como ferramenta do inferior, o *pathos* da distância deve, por toda a eternidade, manter separadas as respectivas missões! O direito dos sadios à existência, o privilégio do sino dotado de plena ressonância sobre aquele dissonante e rachado, é efetivamente mil vezes maior: os sadios são os *fiadores* do futuro, só eles estão *empenhados* no porvir do homem. O que *eles* podem fazer, o que eles devem fazer, os doentes jamais deveriam poder ou dever: mas para que os sadios possam o que só *eles* devem fazer, como lhes seria cabível o papel de médicos, consoladores e "salvadores" dos doentes?... E que venha ar puro! Ar puro! E o afastamento de quaisquer hospícios ou hospitais da cultura! Para tanto, boa companhia, a *nossa* companhia! Ou a solidão, caso necessário! Mas, em todo caso, fora com a proximidade do mau odor da putrefação interna e do carcoma oculto dos doentes!... Assim, meus amigos, defenderemos a nós mesmos, pelo menos por algum tempo, dos piores contágios talvez reservados justamente para nós - *o grande asco do homem e a grande compaixão pelo homem!...*

15.

Se compreendeis em toda a profundidade – precisamente aqui exijo *apreensão* e compreensão profundas – até que ponto não será missão dos sadios cuidar dos doentes, torná-los sadios, daí resulta também a compreensão de outra necessidade – a de médicos e enfermeiros *que sejam eles mesmos doentes*: e de agora em diante temos e detemos em mãos a razão de ser do sacerdote ascético. Devemos considerá-lo como o salvador predestinado, o pastor e advogado do rebanho doente: apenas assim compreenderemos sua colossal missão histórica. *A supremacia sobre os sofredores* é seu reino, seu instinto o conduz a tal domínio, nele o sacerdote ascético tem a sua arte mais peculiar, sua maestria, sua espécie de felicidade. Ele próprio deve estar doente, deve aparentar-se basicamente aos doentes e coitados para, dessa forma, compreendê-los – para entender-se com eles; mas também deve ser forte, ser mais senhor sobre si que sobre os demais, ou seja, manter intacto o seu desejo de poder, conquistando assim a confiança e o temor dos doentes, para ser-lhes a firmeza, a resistência, o apoio, a obrigação, o preceptor, o tirano e deus. Ele precisa defender seu rebanho – contra quem? Contra os sadios, sem dúvida, e também contra a inveja aos sadios; o sacerdote ascético deve ser o opositor e *desprezador* natural de toda a saúde e poderios rudes, turbulentos, desenfreados, duros e violentos, próprios dos predadores. O sacerdote é a primeira forma de animal *mais delicado*, que despreza com mais facilidade do que odeia. Não lhe será poupada a condução da guerra contra os predadores, guerra mais de astúcia (do "espírito") que de violência, como bem se compreende – para tanto, conforme as circunstâncias, precisará forjar dentro de si, quase um novo tipo de predador ou, ao menos, *representá-lo* – uma nova terribilidade animal na qual o urso polar, o gato selvagem elástico, frio e espreitador e, em medida não menor, a raposa, parecem associados em unidade tão atraente quanto aterrorizante. Caso a necessidade obrigue, o sacerdote aparecerá até entre os demais tipos de predadores, sério como o urso, respeitável, inteligente, frio, superior por seus ardis, parecendo ser arauto e porta-voz dos mais misteriosos poderes, decidido a semear nesse solo, onde puder, o sofrimento, a discórdia, a contradição e, muito seguro de sua arte, se faz senhor entre os sofredores, em qualquer época. Traz consigo unguento e bálsamo, não há dúvida; mas antes terá, necessariamente, de ferir, para então ser médico; enquanto suaviza a dor provocada pelo ferimento aproveita para, ao mesmo tempo, *envenená-lo* – sobretudo nisso é bem versado, o encantador e domador de feras, em cuja vizinhança todo sadio se torna necessariamente doente e todo doente necessariamente manso. De fato, ele defende bastante bem seu rebanho doente, tal pastor singular – também defende tal rebanho contra si próprio, contra a depravação, patifaria e perversidade que ardem secretamente no próprio rebanho, e contra as demais coisas comuns a todos os pacientes enfermos; luta arguta, dura e secretamente contra a anarquia e a autodissolução sempre insurgentes no rebanho, no qual se acumula de forma incessante essa perigosíssima matéria detonante e explosiva, o *ressentimento*. Descarregar tal explosivo de maneira a não mandar pelos ares o rebanho e o pastor constitui sua verdadeira habilidade e também utilidade suprema; caso desejássemos apreender o valor da existência sacerdotal na forma mais resumida, deveríamos afirmar sem rodeios: o sacerdote é quem *modifica a direção* do ressentimento. De fato, o sofredor procura, por instinto, uma causa para o sofrimento; mais precisamente um causador ou, especificando ainda mais, um causador *culpável* e passível do sofrimento – resumindo, algo vivo, em que possa, sob qualquer pretexto, na realidade ou *in effigie*, descarregar suas emoções, pois essa descarga constitui a maior das tentativas de alívio, ou seja, de *amortecimento* do sofredor, seu narcótico involuntariamente cobiçado contra o tormento de qualquer espécie. A verdadeira causalidade fisiológica do ressentimento, da vingança e seus afins há de ser encontrada, segundo eu suspeito, unicamente aí, ou seja, na *ânsia de anestesiar a dor através da emoção* – geralmente se procura essa causalidade, de forma muito equivocada, ao que me parece, no contragolpe defensivo, em mera medida protetora de reação, em "movimento reflexo", no caso de eventual lesão e ameaças súbitas, em analogia ao que executa um sapo sem cabeça para se livrar de ácido corrosivo. Porém, a diferença é fundamental: neste caso se deseja impedir novos danos, enquanto naquele deseja-se *anestesiar* uma dor martirizante, secreta, progressivamente atroz, mediante emoção mais violenta de qualquer espécie e, pelo menos por momentos, expulsá-la da consciência – para tanto é necessária uma emoção, emoção a mais selvagem possível e, para excitá-la, o melhor pretexto que aparecer. "Alguém deve ser culpado pelo fato de eu estar mal" – tal tipo de conclusão é típico de todos os doentes e, a bem do fato, se manifesta em medida tanto maior quanto mais se lhes esconda a verdadeira causa de seu sentir-se mal, a causa fisiológica (esta talvez advinda de doença no *nervus sympathicus* ou de excessiva secreção de bile, da carência sanguínea de ácidos fosfóricos com enxofre e potássio, ou das condições de pressão no baixo-ventre que congestionam a circulação do sangue; ou ainda da degeneração dos ovários etc.). Os sofredores são todos de pavorosa prontidão e criatividade em achar pretexto para emoções dolorosas; saboreiam até suas desconfianças, suas cismas sobre ruindades e aparentes danos, revolvem as vísceras do passado e presente à procura de histórias obscuras e duvidosas que facultem a liberdade de se regalar em desconfiança dolorosa e embriagar-se no veneno da própria perversidade – abrem as feridas mais antigas, sangram por cicatrizes há muito saradas; de amigo, esposa, filhos e de quem mais estiver próximo, criam malfeitores. "Eu sofro: deve haver alguém culpado por isso" – assim pensa toda ovelha doente. Porém, seu pastor, o sacerdote ascético, lhe diz: "Estás certa, minha ovelha! Deve haver alguém culpado por isso: porém você mesma é esse alguém – *você mesma é a única culpada de si!...*" Tal afirmativa é bastante atrevida, bastante falsa: contudo, ao menos algo foi alcançado, com isso, como disse, *muda-se* o rumo do ressentimento.

16.

Advinha-se agora o que, segundo minha concepção, o instinto terapeuta da vida *tentou* ao menos conseguir através do sacerdote ascético e em que teve de servir-lhe uma tirania temporária de *tais* conceitos paradoxais e anômalos como "culpa", "pecado", "pecaminosidade", "corrupção" e "condenação": tornar os doentes *inofensivos* até certo grau, destruir os incuráveis por meio deles próprios, dar de maneira rigorosa aos suavemente adoecidos a direção de si próprios, invertendo a direção do seu ressentimento ("só uma coisa é necessária"* –) e, dessa forma, *explorando* os maus instintos de todos os sofredores, com vistas na autodisciplina, autocensura e autossuperação. Como bem se compreende, a "medicação" desse tipo, uma medicação meramente emocional, não pode ser em hipótese alguma a *cura* efetiva de doentes na acepção fisiológica; sequer se poderia afirmar que aqui o instinto da vida tenha pretendido e procurado a cura. Uma espécie de concentração e organização dos doentes de um lado (e a palavra "Igreja" é seu nome mais popular), assim como, por outro lado, uma espécie provisória de preservação dos sadiamente constituídos, dos de melhor cepa, formando-se, portanto, um abismo entre sadio e doente – isso foi tudo, durante muito tempo! E foi muito! Foi muitíssimo! Como se vê neste tratado, parto de uma suposição à qual, com respeito aos leitores de que necessito, não preciso de justificativa antecipada: o pressuposto de que a "pecaminosidade" no ser humano não é uma realidade mas, ao contrário, apenas a interpretação de uma realidade, ou seja, de uma indisposição fisiológica – esta última encarada sob uma perspectiva moralista-religiosa que para nós nada mais tem de obrigatória. – Portanto, quando alguém se *sente* "culpado" ou "pecador" tal impressão ainda não constitui, por certo, prova de que tenha razões para se sentir assim; tal como ninguém é sadio

*Evangelho de Lucas, 10:41 palavras de Jesus a Marta. *(N. do T.)*

pelo simples fato de se sentir sadio. Que se recorde bem os célebres processos contra as bruxas: naquela época os juízes mais perspicazes e humanitários *não duvidavam* estar tratando de uma culpabilidade; as próprias "bruxas" não duvidavam disso – e contudo inexistia a culpa. Expressemos esse pressuposto de modo mais abrangente: a própria "dor espiritual" não me vale, em absoluto, como uma realidade de fato, mas apenas como interpretação (interpretação causal) de realidades formuladas até agora sem exatidão: portanto, como algo ainda totalmente pairado no ar e sem suporte científico – na verdade apenas uma palavra gorda, em lugar de ponto de interrogação que chega a ser esquálido. Quando alguém não se livra de sua "dor espiritual", a causa não estará, para dizê-lo com rudeza, em sua "alma"; e sim, mais provavelmente, em seu ventre (falando rudemente, como disse: mas sem de forma alguma manifestar o desejo de que me ouçam ou compreendam em espírito rude...). Um homem forte e bem constituído digere as vivências (incluindo ações e delitos) do mesmo modo como digere as refeições, mesmo quando precisa engolir duros bocados. Caso não "se alivie" de uma vivência, terá um tipo de indigestão tão fisiológica quanto a outra – e muitas vezes, com efeito, será apenas uma consequência dessa outra. Mesmo em tal concepção, pode-se, falando entre nós, continuar sendo o opositor mais rigoroso a todo o materialismo...).

17.

Mas esse sacerdote ascético é realmente um *médico*? – Nós compreendemos apenas até que ponto chamá-lo de médico, por mais que ele próprio goste de se sentir um "curador" e se deixe reverenciar como "salvador"*. Apenas o próprio sofrer, a indisposição do sofredor, são combatidos por ele, *não* sua

*Em alemão, a palavra *Heiland* significa tanto curador quanto salvador. *(N. do T.)*

causa, *não* a autêntica doença – tal deve constituir nossa objeção mais profunda à medicação sacerdotal. Uma vez situados na perspectiva que só o sacerdote conhece e possui, porém, não será fácil dissipar o assombro ante tudo que se viu, buscou e encontrou a partir dessa medicação. A *suavização* do sofrimento, o "consolo", de toda espécie – esta constitui sua própria genialidade; como compreendeu engenhosamente sua missão de consolador, com que despreocupação e intrepidez escolheu os meios necessários a ela! O cristianismo, em particular, deveria ser considerado uma grande câmara de tesouro cheia dos mais engenhosos meios de consolo, em vista de tantas coisas reconfortantes, mitigadoras e narcotizantes acumuladas nele, de tantas coisas das mais perigosas e extraordinariamente temerárias empreendidas de maneira ousada com esse fim, e quão grandes foram sua sutileza, refinamento, seu refinamento meridional para adivinhar, em especial com que espécie de paixões estimulantes se pode vencer, pelo menos por tempos, a depressão profunda, a fadiga plúmbea e a negra tristeza dos fisiologicamente impedidos. Pois, dito de modo geral: todas as grandes religiões consistiram, no essencial, no combate a certa fadiga e gravidade extremas chegadas ao ponto de epidemia. De antemão, pode-se estabelecer como verossímil que, de tempos em tempos, em determinados lugares do mundo, um *sentimento de impedimento fisiológico* tem quase necessariamente que assenhorear-se de grandes massas; porém, por falta de saber fisiológico, esse sentimento não penetra como tal na consciência, de modo que a causa do mesmo e também seu remédio só podem ser buscados e tentados por via moral-psicológica (esta é, com efeito, minha fórmula mais universal para o que em geral é chamado de "*religião*"). Tal sentimento de impedimento pode surgir das mais diversas origens: talvez como consequência do cruzamento de raças heterogêneas demais (ou classes – as classes sempre exprimem, também, diferenças de origem e raça: o "*Weltschmerz*"* europeu, o "pessimismo" do século XIX são basicamente consequências de uma mistura absurdamente repentina de classes); ou estar condicionado a uma emigração errônea – uma raça chegada a um clima para o qual sua força de adaptação não é suficiente (caso dos hindus na Índia); ou ser a repercussão da idade e fadiga da raça (o pessimismo parisiense a partir de 1850); ou advir de dieta inadequada (o alcoolismo na Idade Média; a sandice dos vegetarianos, os quais têm a seu favor a autoridade shakespeariana do fidalgo Christoph); ou originar-se da degeneração sanguínea, malária, sífilis e similares (a depressão alemã após a Guerra dos Trinta Anos, que empesteou meia Alemanha com doenças ruins, preparando o terreno para o servilismo e pusilanimidade alemães). Nesses casos tenta-se a cada vez, no mais elevado estilo, *combater o sentimento de depressão*; instruamo-nos resumidamente quanto às suas práticas e formas de maior importância. (Deixo aqui totalmente à parte, como é natural, a real luta dos *filósofos* contra o sentimento de depressão, que costuma ser simultânea – ela é bastante interessante, porém demasiado absurda, demasiado indiferente em relação à prática, recorre demais às teias de aranha e aos vagabundos de esquina, quando, por exemplo, pretende demonstrar que a dor é um engano, na ingênua suposição de que *deveria* desaparecer tão logo seja reconhecido esse engano – mas, olhem! ela não quis desaparecer...). Em *primeiro* lugar, combate-se a depressão dominante com meios que reduzem a consciência da vida em geral ao mais baixo grau, abolindo, se possível, todo querer, todo desejo; evitando tudo que provoque emoção, tudo que derrame "sangue" (não comer sal: higiene do faquir); não amar; não odiar; equanimidade; não se desforrar; não enriquecer; não trabalhar; mendigar; se possível, não ter mulher

---

*Dor do mundo. *(N. do T.)*

ou tão pouca mulher quanto possível, observância, em termos espirituais, do princípio de Pascal *il faut s'abêtir**. Expondo o resultado psicológico-moral: "autonegação", "santificação"; exprimindo fisiologicamente: hipnotização – uma tentativa de conseguir para o homem algo mais ou menos equivalente ao sono de *hibernação* para certas espécies de animais e de *estivação* para inúmeras plantas do clima quente, um mínimo de assimilação de nutrientes e metabolismo com que a vida simplesmente se mantém, mas sem, na realidade, chegar à consciência. Para se alcançar essa meta foi empregada uma assombrosa quantidade de energia humana – inutilmente, por acaso?... Assim não cabe dúvida de que tais *sportsmen* (esportistas) da "santidade", numerosos em todos os tempos, em que quase todos os povos são ricos, encontraram de fato uma verdadeira libertação ante aquilo que combatiam com *training*** tão rigoroso – em incontáveis casos eles efetivamente se livraram dessa profunda depressão fisiológica com ajuda de seu sistema de hipnose: razão pela qual seu método consta entre os fatos etnológicos mais universais. Da mesma maneira, não há qualquer permissão para colocar tal intenção de bloqueio pela fome a corporalidade e a cobiça entre os sintomas da demência (como gosta de pensar um tipo desajeitado de "livre-pensador" e de cavaleiros Cristóvãos devoradores de rosbife). Todavia, muito provavelmente tal propósito abre ou pode abrir caminho para perturbações espirituais de todo tipo, para "luzes interiores", por exemplo, como no caso dos hesicastas do monte Athos para alucinações de sons e formas, para os transbordamentos voluptuosos e êxtases da sensualidade (história da Santa Teresa). Obviamente a interpretação de tais estados que dão aqueles por eles afetados sempre foi a mais entusiástica e falsa que se possa

---

*É preciso embrutecer-se. *(N. do T.)*

**Treino. *(N. do T.)*

imaginar: mas que não se deixe de perceber o tom de gratidão mais convicta que ressoa precisamente na *vontade* de dar tal tipo de interpretação. A condição suprema, a própria *salvação*, essa hipnotização total e a calma finalmente alcançadas são sempre por eles encaradas como o mistério em si, para cuja expressão não bastam os símbolos mais supremos, como os que falam do retorno ao fundo das coisas, da libertação de toda a ilusão, do "saber", da "verdade", do "ser", do libertar-se de todas as metas, desejos e ações, de um além do bem e do mal. "Bem e mal", diz o budista, "ambos são grilhões: o Perfeito é senhor de ambos"; o "praticado e o não praticado", diz o crente do vedanta, "não lhe causam dor alguma; ele sacode de si o bem e o mal como um sábio; seu reino não é mais atingido por qualquer ação; ele superou a ambos, bem e mal" – trata-se, portanto, de uma concepção de toda a Índia, e tão brâmane quanto budista. (Nem na mentalidade indiana e tampouco na cristã essa "salvação" parece *acessível* pela virtude, pelo aprimoramento moral, por mais elevado que considerem o valor hipnótico da virtude: isso não se deve esquecer – ademais, é coisa que simplesmente corresponde à realidade. Haverem permanecido *verdadeiras* neste ponto deve, talvez, ser encarado como a melhor peça de realismo existente nas três maiores religiões, tão profundamente moralizadas em tudo o mais. "Para o sabedor não há qualquer dever"... "A salvação não se efetua por meio do *aumento* das virtudes: pois ela consiste na unificação com Brahma, incapaz de qualquer acúmulo de perfeição; tampouco se efetua pela *diminuição* de erros: pois Brahma, com quem a unificação constitui a redenção, é eternamente puro." – estas são passagens do comentário de Shankara, citados pelo primeiro *conhecedor* efetivo da filosofia indiana na Europa, meu amigo Paul Deussen.) Vamos, pois, respeitar a "salvação" nas grandes religiões; do contrário seria para nós um tanto difícil permanecer sérios diante da apreciação que o sono profundo tem por esses cansados da vida, cansados demais até para sonhar – ou seja, o sono profundo, considerado como fusão em Brahma, como obtenção da *unio mystica* com Deus. "Quando ele estiver profundamente adormecido" – é dito na mais antiga e sagrada "escritura" – "e chegado ao descanso pleno, de modo que não veja mais qualquer ilusão, ele estará, em seguida, ah, que bem-aventurado, unido ao Existente, terá entrado em si próprio – odiado por seu 'eu' cognoscente ele não mais possuirá qualquer consciência do que está dentro ou fora. Estas pontes não são transpostas pelo dia nem pela noite, pela velhice, pela morte, pelo sofrimento, não são transpostas pelas boas obras, tampouco pelas más." "No sono profundo", dizem da mesma maneira os devotos dessa mais profunda das três grandes religiões, "a alma se desprende de nosso corpo, chega à luz suprema, aparecendo então em sua forma efetiva: ali ela é o próprio espírito supremo, o qual perambula enquanto graceja, brinca e se diverte, seja com as mulheres, as carruagens ou os amigos, lá ela não mais se lembra desse penduricalho chamado corpo, no qual o *prâna** está atado como animal de carga atrelado à carroça". Contudo, também aqui, como no caso da "salvação", devemos levar em conta que dessa maneira, ainda que com a pompa do exagero oriental, é expressa apenas uma avaliação idêntica à de Epicuro, lúcido, frio, helenicamente frio, porém sofredor: o hipnótico sentimento do nada, o repouso do sono mais profundo, em suma, *a ausência de sofrimento* – para os sofredores e os mal constituídos de raiz, este deve ser considerado o bem supremo, o valor dos valores; *têm* de apreciá-lo como algo positivo, senti-lo como o próprio positivo. (De acordo com essa mesma lógica dos sentimentos, em todas as religiões pessimistas, ao nada se chama de *Deus*.)

*O sopro da vida. *(N. do T.)*

18.

Muito mais frequentemente que tal hipnótico amortecimento geral da sensibilidade e grau de resistência à dor que já pressupõe forças mais raras, antes de tudo, coragem, postura desdenhosa e "estoicismo intelectual", é empregadc outro *training* contra os estados de depressão, este, em todo caso, mais fácil: a *atividade maquinal*. Está fora de qualquer dúvida que com ela uma existência sofredora se vê amenizada em grau nada desprezível: hoje, um tanto insinceramente, se chama tal estado de coisas de "a bênção do trabalho". O alívio consiste em desviar totalmente o interesse do sofredor do sofrimento – assim emerge continuamente na consciência um fazer e, de novo, outro fazer, restando pouco espaço para o sofrimento: de fato é *estreita*, essa alcova da consciência humana! A atividade maquinal e seus corolários – a regularidade absoluta, a obediência pontual e não refletida, a rotina crônica da maneira de viver, o preenchimento do tempo, uma certa permissão ou mesmo zelo pela "impessoalidade", pelo esquecer a si mesmo, pela "*incuria sui*"* – e com que profundidade e sutileza o sacerdote ascético soube utilizar tais métodos na luta contra a dor! Precisamente ao lidar com os sofredores das camadas inferiores, escravos, prisioneiros (ou mulheres, que na maioria das vezes são ambas as coisas simultaneamente, escravas e prisioneiras), o sacerdote ascético precisou de pouco mais que a pequena arte da troca de nomes e de rebatizar para fazê-los ver doravante um benefício e uma felicidade relativa nas coisas até então odiadas – em todo caso, o descontentamento do escravo para com seu destino *não* foi criado pelos sacerdotes. – Meio ainda mais apreciado na luta contra a depressão consiste em prescrever *pequena alegria* facilmente acessível, podendo ela tornar-se regra; com frequência se serve dessa medicação entremeando-a com a

---

*Descuido de si. *(N. do T.)*

anterior. A mais frequente forma de se prescrever tal tipo de alegria como meio de cura é a alegria de *causar* alegria (ao praticar o bem, presentear, aliviar, auxiliar, animar, consolar, louvar e distinguir); ao prescrever "amor ao próximo", o sacerdote ascético está, no fundo, prescrevendo um estímulo do impulso vital mais forte e afirmativo, ainda que em dose muito cautelosa; sim – da *vontade de poder.* A alegria da "pequena superioridade", que traz em si todo o fazer o bem, o ser útil, auxiliar, distinguir, é o mais frequente meio de consolo de que se costumam servir os obstruídos fisiológicos, quando bem aconselhados: caso contrário, causam danos entre si, naturalmente em obediência ao mesmo instinto básico. Ao se investigar os primórdios do cristianismo no mundo romano, encontram-se associações para apoio mútuo, associações na pobreza, doença e sepultamento, surgidas na camada mais baixa da sociedade de então, onde se cultivava, com plena consciência disso, tal recurso principal contra a depressão, a pequena alegria, a saber, a alegria do benefício mútuo – acaso seria algo novo na ocasião, uma verdadeira descoberta? Nesse "desejo pela reciprocidade" assim suscitado, no desejo pela formação de um rebanho, de uma "comunidade", de um "cenáculo", a vontade de poder então estimulada, ainda que em grau mínimo, tem de chegar a uma erupção nova e muito mais completa: a *formação do rebanho* é passo e vitória essencial na luta contra a depressão. O crescimento da comunidade fortalece, também no indivíduo, um novo interesse que, com bastante frequência, o leva além da parte mais pessoal de seu enfado e de sua aversão *a si mesmo* (o *despectio sui** de Geulincx). Devido à ânsia de tirarem de si o surdo desprazer e sentimento de debilidade, todos os doentes e mórbidos esforçam-se instintivamente para uma organização em rebanho: o sacerdote ascético adivinha esse instinto e o fomenta; onde quer que existam rebanhos, serão o produto

*Desprezo de si. *(N. do T.)*

do instinto de fraqueza que os desejou e da argúcia sacerdotal que os organizou. Pois não se pode esquecer: os fortes, por necessidade natural, tendem tanto a se dissociar quanto os fracos a associar-se; quando os primeiros se unem, tal sucede apenas na expectativa de uma ação agressiva conjunta e satisfação conjunta de sua vontade de poder, havendo então muita resistência da consciência individual; os fracos, ao contrário, se organizam justamente pelo *deleite* em tal organização coletiva – o instinto deles é assim satisfeito, da mesma maneira como o instinto dos "senhores" natos (isto é, dessa espécie de solitários predadores chamada "homem") no fundo se irrita e inquieta quando sujeito à organização. Sob toda oligarquia sempre está oculta – e toda a história o ensina – a concupiscência *tirânica*; cada oligarquia treme incessantemente de tensão pelo esforço que tem de despender todo indivíduo para continuar dominando tal concupiscência. (Assim foi, por exemplo, na *Grécia*· Platão atestou o fato em centenas de passagens, Platão, aquele que conhecia seus semelhantes – e a si próprio...)

19.

Os meios do sacerdote ascético que, até agora, conhecemos – o amortecimento geral de toda a vitalidade, a atividade maquinal, a pequena alegria, sobretudo a do "amor ao próximo", a organização dos rebanhos, o despertar do sentimento de poder comunal que, por decorrência, o desgosto do homem por si mesmo é abafado por seu prazer no progresso da comunidade – estes são, medindo pelos padrões modernos, seus recursos *inocentes* na luta contra a depressão: voltemo-nos agora para os mais interessantes, os recursos "culposos". Neles, tudo gira em torno de uma coisa: algum *excesso emocional* – usado como o mais efetivo dos meios anestésicos contra o surdo e paralisante estado de dor prolongada; razão por que o engenho sacerdotal na concepção dessa questão se mostrou verdadeiramente inesgotável: "*De que modo* se consegue um excesso emocional?..." Isto soa duro: está claro que soaria mais amável e talvez chegasse melhor aos ouvidos caso eu dissesse algo como: "Em todas as épocas o sacerdote ascético se valeu do entusiasmo existente nas emoções intensas." Mas por que acariciar ainda os ouvidos mimados de nossos maricas modernos? Por que cederíamos *nós*, ainda que só um passo, à tartufice que fazem da palavra? Para nós, psicólogos, agir assim seria uma tartufice *da ação*, sem levar em conta o asco que nos causaria. Se um psicólogo tem, hoje, bom gosto (– outros prefeririam dizer: honestidade), este consiste em se opor a tal vocabulário vergonhosamente *moralizado* com que pouco a pouco todos os juízos modernos sobre os homens e coisas são melosamente apresentados. Pois não nos iludamos quanto a isso: o que constitui o sinal mais característico das almas modernas, dos livros modernos, não é a mentira, mas a *inocência* incorrigível da hipocrisia moral. Ter de novo de descobrir essa "inocência" em toda parte – talvez esse constitua o aspecto mais repelente de nosso trabalho, de todo trabalho, já não pouco problemático em si, que um psicólogo de hoje deve empreender; é parte de nosso grande perigo – um caminho que *a* nós talvez conduza diretamente ao grande asco... Eu não tenho qualquer dúvida quanto à serventia dos livros modernos (supondo que tenham duração, o que por certo não se deve temer e, igualmente, supondo que haverá posteridade com gosto mais rígido, severo e *sadio*) – qual seria ou poderia ser a serventia de *toda* a modernidade para essa posteridade: um vomitório – e isso em virtude de seu adoçamento e falsidade moral, de seu feminismo mais profundo, que se autodenomina, de boa vontade, como idealismo e, de qualquer forma, acredita ser idealismo. Nossos doutos de hoje, os nossos "bons", não mentem – é bem verdade; porém, tal fato *não* os honra! A verdadeira mentira, a mentira genuína, resoluta e "honesta" (sobre cujo valor deve-se ouvir Platão) seria para eles algo demasiado rijo e forte; exigiria o que *não* *se pode* exigir deles, ou seja, que abrissem os olhos com relação a si próprios e aprendessem a distinguir em si mesmos o "verdadeiro" e o "falso". A eles só convém a *mentira desonesta*; hoje todo aquele que sente a si mesmo como "homem bom" é totalmente incapaz de defrontar-se com algo se não for com atitude de *desonrosa hipocrisia*, hipocrisia abissal, porém inocente, sincera, cândida e virtuosa. Esses "homens bons" – todos eles estão agora moralizados dos pés à cabeça, e no tocante à honestidade arruinados e desfigurados por toda a eternidade: qual deles suportaria ainda *uma* verdade "acerca do homem"!... Ou, para indagar mais concretamente: qual dentre eles suportaria uma biografia *verdadeira*?... Citando amostras: Lord Byron deixou por escrito muitas coisas pessoais a seu respeito, porém Thomas Moore era "demasiado bom" para aceitá-las: queimou os escritos do seu amigo. O mesmo deve ter feito o Dr. Gwinner, executor do testamento de Schopenhauer; pois este também deixara alguns escritos sobre si e talvez também contra si (εἰς "εαυτόν"*). O hábil norte-americano Thayer, biógrafo de Beethoven, susteve de repente seu trabalho: tendo chegado a certo ponto dessa vida honrada e pura, não a suportou mais... Moral: que homem inteligente de hoje ainda escreveria uma palavra honesta sobre si próprio? – para tanto, alguém assim precisaria pertencer à Ordem da Sagrada Temeridade. É prometida a nós uma autobiografia de Richard Wagner: quem duvida de que será uma autobiografia *prudente*?... Lembremo-nos também do espanto cômico despertado na Alemanha pelo sacerdote católico Janssen, com seu quadro inconcebivelmente torto e inócuo do movimento da Reforma Protestante na Alemanha; o que aconteceria se, em dado momento, alguém nos narrasse esse movimento *de outra maneira*, se um verdadeiro psicólogo nos discorresse sobre um verdadeiro Lutero,

---

*Expressão grega que apresenta os dois sentidos presentes na frase (sobre si e contra si). *(N. do E.)*

não mais falando com a simplicidade moralista de um pároco de aldeia ou o doce e cauteloso pudor dos historiadores protestantes, mas, digamos, com o destemor de um Taine, surgido da *força da alma* e não de esperta indulgência para com a força?... (Os alemães, diga-se de passagem, bastante bem o tipo clássico dessa última – podem já atribuí-lo a si e representá-lo bem: na figura de seu Leopold Ranke, esse inato *advocatus* clássico de toda *causa fortior**, o mais inteligente de todos os inteligentes "homens objetivos".)

20.

Já fui compreendido – motivo suficiente, não é verdade, para nós, psicólogos, hoje, não conseguirmos nos livrar de certa desconfiança em relação a *nós mesmos*?... Provavelmente até nós somos "demasiado bons" para nosso ofício, provavelmente ainda somos também as vítimas, as presas, os doentes desse gosto da época moralizada, por mais que o desprezemos – provavelmente também *a nós* ele contagiou... Contra o que advertia aquele diplomata ao conversar com os congêneres? "Senhores, desconfiemos antes de tudo de nossos primeiros impulsos!", disse, "pois *quase sempre eles são bons*"... Assim deveriam falar todos os psicólogos de hoje aos seus colegas... Com isso retornamos à questão que, aliás, exige certo rigor de nossa parte, certa desconfiança, especialmente quanto aos "primeiros impulsos". *O ideal ascético a serviço de uma busca do excesso emocional* – quem se recorda do tratado anterior poderá antecipar, no essencial, o conteúdo condensado nessas palavras, o que virá de agora em diante. Desvencilhar a alma humana de todos os meandros, mergulhá-la nos horrores, nos gelos, fervores e enlevos, de tal maneira que, como através de um raio, se liberte de toda a pequenez e mesquinhez

*Causa mais forte. *(N. do T.)*

próprias da indisposição, apatia e dissonância: que caminhos conduzem a tal meta? Qual deles é o mais seguro?... No fundo, todas as grandes emoções têm esse poder, supondo que possam liberar subitamente cólera, temor, volúpia, desforra, esperança, triunfo, desespero e crueldade; de fato o sacerdote ascético se valeu, sem escrúpulo algum, de toda a matilha de cães selvagens da alma humana, deixando livre, algumas vezes, este ou aquele e visando sempre ao mesmo objetivo, despertar o homem da tristeza profunda, afugentar, ao menos por instantes, sua dor surda, sua miséria vacilante, fazendo-o sempre sob interpretação e "justificativa" religiosa. Qualquer excesso emocional de tal natureza tem seu *preço* subsequente, como se compreende – ele torna o doente mais doente – e por isso essa forma de medicação contra a dor, avaliada pelas medidas modernas, é forma "culposa". Todavia, devemos ressaltar, porque a justiça exige, ainda mais o fato de que tal remédio é aplicado *com boa consciência*, reconhecendo que o sacerdote ascético o prescreveu com a mais profunda fé em sua utilidade, ou mesmo indispensabilidade – e com bastante frequência quase entrando em colapso ante a calamidade por ele produzida; mesmo assim, as veementes desforras fisiológicas provenientes de tais excessos, e talvez até as perturbações espirituais, não chegam propriamente a refutar, no fundo, o sentido global de tal medicação: pois, como mostramos antes, ela não tinha como objetivo a cura das doenças, mas o combate do mal-estar depressivo, aliviando-o e anestesiando-o. O objetivo também foi alcançado *dessa forma*. A tática fundamental utilizada pelo sacerdote ascético para fazer ressoar na alma humana toda espécie de música dilacerante e arrebatadora consistiu – todos o sabem – na exploração do sentimento de culpa. O tratado anterior cuidou brevemente da origem desse sentimento – como componente da psicologia animal, e nada mais: o sentimento de culpa nos defrontava então no seu estado bruto, a bem dizer. Só tomou forma nas mãos do sacerdote, desse verdadeiro artista na manipulação do sentimento de culpa – oh, e que forma! O "pecado" – pois assim soa a reinterpretação sacerdotal da "má consciência" animal (da crueldade voltada contra a própria criatura) – tem sido até agora o maior acontecimento na história das almas doentias: nele nós temos o estratagema mais perigoso e fatal da interpretação religiosa. O homem sofrendo através de si próprio, de algum modo, mas, de qualquer maneira, fisiologicamente, assim como um animal aprisionado numa jaula, sem saber com clareza por que e para que, mas ansioso por motivos – pois aliviam –, ansioso também por remédios e narcóticos, consultando afinal alguém que conhece até o oculto – e veja! ele recebe uma indicação de seu feiticeiro, do sacerdote ascético, a *primeira* indicação sobre a "causa" de seu sofrimento: deve procurá-la *em si mesmo*, numa culpa, numa parte do passado, deve compreender seu próprio sofrimento como condição *punitiva*... Ele, esse infeliz, escutou e compreendeu: está agora na condição da galinha em torno da qual foi riscada uma linha. Ele não voltará a sair desse círculo: a partir do doente foi criado "o pecador"... Daí em diante não nos livraremos, por alguns milênios, do aspecto desse novo doente, "do pecador" – jamais nos livraremos dele? –; para onde quer que se olhe, pode-se notar em toda parte o olhar hipnótico do pecador que sempre se move em uma direção (na direção da "culpa", vista como a *única* causa do sofrimento); em toda parte a má consciência, essa "besta terrível"*, para falar como Lutero; em toda parte o passado remoído, a ação distorcida, os "olhos maus" em toda situação; em toda parte o desejo de compreender mal o sofrimento, convertido em conteúdo existencial, a reinterpretação do sofrimento em sentimento de culpa, temor e castigo; em toda parte o açoite, a exposição a intempéries, o corpo flagelado pela fome, a contrição; em toda parte o pecador que impõe a si próprio o suplício

*Do original de Lutero, *grewliche Tier*. *(N. do T.)*

da roda na engrenagem cruel de uma consciência inquieta e doentiamente soturna; em toda parte o tormento mudo, o medo extremo, a agonia do coração enfraquecido, os espasmos de uma felicidade desconhecida, o grito por "salvação". De fato, com esse modo de proceder, a depressão, a letargia e a fadiga de antigamente foram basicamente *superadas*, a vida se tornou de novo muito interessante: desperta, eternamente desperta, insone, ardente, carbonizada, esgotada, mas não cansada – assim se pautava o homem, o "pecador", quando iniciado em *tais* mistérios. Esse velho e grande feiticeiro da luta com a depressão, o sacerdote ascético – havia evidentemente vencido, *seu* reino chegara: já não se reclamava da dor, *ansiava*-se por ela: "*Mais* dor! *Mais* dor!" – Assim gritou durante séculos o desejo dos discípulos e iniciados. Todo excesso emocional que causasse dor, tudo que dilacerasse, derrubasse, esmagasse, enlevasse, encantasse, o mistério das câmaras de tortura, a criatividade do próprio inferno – tudo estava daí em diante descoberto, decifrado, utilizado, tudo estava à disposição do mago, tudo estava a serviço de seu ideal, do ideal ascético... "Meu reino não é deste mundo"* – discorria, como de costume: teria realmente o direito de ainda discorrer assim?... Goethe afirmou que só existiriam 36 situações trágicas: daí pode-se presumir, caso não se soubesse, que Goethe não foi sacerdote ascético. Pois este – conhece número maior...

21.

No que diz respeito a *esse* tipo de medicação sacerdotal, o tipo "culposo", qualquer palavra de crítica é supérflua. Quem porventura poderia afirmar que tal excesso do sentimento como, nesse caso, o sacerdote ascético acostumou-se a recomendar a seus doentes (sob os nomes mais sagrados, como bem se compreen-

*Referência a *João*, 18:36. (*N. do E.*)

de, e igualmente embebido da santidade de seu propósito), tenha *servido* efetivamente a um doente – quem sustentaria com gosto uma afirmação de tal tipo? Seria necessário, pelo menos, chegar a um bom entendimento da palavra "servir". Se com ela se deseja expressar que tal sistema de tratamento *melhorou* o homem, nesse caso nada tenho a refutar: iria apenas acrescentar como me soa esse "melhorado" – da mesmíssima maneira que "amansado", "enfraquecido", "desencorajado", "refinado", "afeminado", "castrado" (algo, portanto, quase como *prejudicado*...). Quando, porém, se trata principalmente de doentes, contrariados e deprimidos, um tal sistema torna o doente ainda *mais doente* sob todos os aspectos, mesmo pressupondo que o torne "melhor"; basta perguntar aos psiquiatras qual o resultado invariável que uma aplicação metódica de suplícios de penitência, contrições e espasmos salvatórios traz consigo. Pergunte-se da mesma maneira à história: em toda parte onde o sacerdote ascético impôs tal tratamento dos doentes, a condição doentia, todas as vezes, cresceu de maneira sinistra em profundidade e extensão. O que sempre caracterizou o "êxito"? Um sistema nervoso destroçado naquele que já era doente; isso se manifestou tanto no geral quanto no particular, nos indivíduos e nas massas. No séquito do *training* da penitência e da redenção encontramos epidemias epilépticas desmesuradas, as maiores de que a história tem conhecimento, como a das danças de São Vito e São João na Idade Média; como outra forma da sua consequência, encontramos paralisias terríveis e depressões crônicas, com as quais às vezes o temperamento de um povo ou cidade (Genebra, Basileia) se transforma de uma vez por todas no contrário do que era; nesse contexto se inclui também a histeria das bruxas, algo aparentado ao sonambulismo (oito grandes eclosões epidêmicas de histeria, somente entre 1564 e 1605); em seu desdobramento encontramos, da mesma maneira, aqueles delírios coletivos ansiosos pela morte, cujo grito terrível – "*evviva la morte*" – foi ouvido por toda a Europa, interrompido algumas vezes por idiossincrasias voluptuosas e, em outras, por idiossincrasias furiosamente destrutivas: essa mesma mudança emocional, com as mesmas intermitências e transformações repentinas pode hoje ser observada universalmente em todos os casos em que a doutrina ascética do pecado tinha conseguido, uma vez mais, um grande triunfo. (A neurose religiosa *se manifesta* como forma do "ser mau": não há dúvida. O que é ela? *Quaeritur**). Avaliando em termos gerais o ideal ascético e seu culto sublimemente moral, tal sistematização, a mais engenhosa, resoluta e perigosa de todas as formas para o excesso emocional sob o abrigo das sagradas intenções, se inscreveu de forma terrível e inesquecível em toda a história do homem; e infelizmente *não apenas* em sua história... Eu não saberia assinalar algo que tenha atuado tão prejudicialmente como esse ideal, *na saúde* e vigor racial dos europeus; pode-se, sem qualquer exagero, classificá-lo como *a verdadeira fatalidade* na história da saúde do homem europeu. Numa culminância, seria possível comparar sua influência à influência tipicamente germânica: refiro-me ao envenenamento alcoólico da Europa, o qual até agora tem acompanhado rigorosamente passo a passo a predominância política e racial dos germânicos (– e onde eles inocularam seu sangue, inocularam também seu vício). – Como terceiro elemento da série se deveria mencionar a sífilis – *magno sed proxima intervallo***.

22.

O sacerdote ascético corrompeu a saúde espiritual aonde quer que tenha chegado ao domínio, e consequentemente corrompeu também o gosto *in artibus et litteris**** – e continua a corrompê-lo. "E daí?" Espero que me seja concedido esse "e

---

*Pergunta-se. *(N. do T.)*

**A grande distância, porém muito próxima. *(N. do T.)*

***Nas artes e nas letras. *(N. do T.)*

daí"; pelo menos não quero detalhá-lo aqui. Uma única indicação: refere-se ao livro fundamental da literatura cristã, ao seu autêntico modelo, a seu "livro em si". Mesmo em meio à magnificência greco-romana que era também magnificência livresca, e face a um mundo literário ainda não atrofiado e destroçado, numa época em que ainda se podia ler alguns livros por cuja posse daríamos hoje em troca a metade da literatura contemporânea, a simplicidade e a presunção dos agitadores cristãos – são os chamados "Pais da Igreja" – ousava decretar: "Também *nós* temos a nossa literatura clássica, *não precisamos da dos gregos*" – e, ao dizê-lo, apontavam com orgulho os livros de lendas, as cartas dos apóstolos e os pequenos tratados apologéticos, mais ou menos da mesma forma como hoje o "Exército da Salvação" inglês luta, com literatura semelhante, contra Shakespeare e outros "pagãos". Não gosto do Novo Testamento, como bem se percebe; quase me inquieta o encontrar-me tão só em meu desagrado por obra literária tão estimada, superestimada (o gosto de dois milênios está contra mim), mas de que adianta! "Não podendo agir de outra forma, aqui estou eu*"; – tenho coragem de assumir meu mau gosto. O *Antigo* Testamento – sim, esse é um caso inteiramente à parte: todo o meu respeito ao Antigo Testamento! Nele encontro grandes homens, paisagem heroica e algo do que há de mais raro sobre a Terra, a inocência incomparável do *coração forte*; mais ainda, encontro um povo. No Novo Testamento, ao contrário, meras sociedades de pequenos arranjos, mero rococó da alma, meras coisas ornamentadas com arabescos, angulosas e estranhas; mera atmosfera de conventículo, para não esquecer um eventual bafejo de bucólica doçura inerente à época (e à província romana), e a predominância não é judaica e sim helênica. Humildade e jactância intimamente

*Palavras que teriam sido ditas por Lutero na Dieta de Worms, em 1521. *(N. do E.)*

entrelaçadas; verbosidade do sentimento que quase ensurdece; atitudes apaixonadas, mas paixão nenhuma; pantomima penosa; aqui evidentemente faltou toda a boa educação. Como se pode dar aos pequenos defeitos próprios a importância que esses homenzinhos devotos lhes dão! Nada se atém a eles, e muito menos Deus. Por fim, toda essa gentinha de província quer ainda "a coroa da vida eterna": mas para quê? Por quê? – Não se pode levar tal imodéstia mais longe. Quem suportaria um Pedro "imortal"? Eles têm ambição que faz rir: *essa* gente nos mostra, misturadas com seus assuntos mais pessoais, sua estupidez, suas tristezas e preocupações de ociosos, como se o em si das coisas fosse obrigado a preocupar-se com elas; *essa* gente não se cansa de envolver até Deus nas mínimas lástimas em que esteja envolvida. Há ainda esse constante intimismo com Deus, do pior mau gosto! Essa familiaridade judia, e não apenas judia, de focinho e patas, ao lidar com Deus!... No Leste da Ásia, existem pequenos "povos pagãos" desprezados, com os quais esses primeiros cristãos poderiam ter aprendido algo essencial, algum *tato* inerente ao respeito; tais povos não se permitem, em hipótese alguma, como atestaram missionários cristãos, pronunciar o nome do Deus deles. Esse procedimento me parece bastante delicado; certamente é delicado demais, e não apenas para os "primeiros" cristãos: para perceber o contraste, recordemos, por exemplo, de Lutero, o "mais eloquente" e atrevido dos camponeses já surgidos na Alemanha, e do tom luterano, este precisamente o que mais lhe agradava em seus diálogos com Deus. A resistência de Lutero aos santos intermediários da Igreja (especialmente a "esse porco do diabo, o Papa") era, em última instância, não há dúvida, a resistência de um grosseiro que se entediava com a *boa etiqueta* da Igreja, etiqueta respeitosa própria do gosto hierático, que só permite o acesso ao que possui de mais santo aos mais iniciados e silenciosos, fechando a porta aos grosseiros, Precisamente ali, de uma vez por todas, esses não devem falar – porém Lutero, o camponês, queria as coisas de modo completamente distinto, pois tal etiqueta não lhe parecia suficientemente *alemã*: antes de tudo queria falar de forma direta, de forma autêntica, falar "sem cerimônia" a seu Deus... Bem, ele o fez. – O ideal ascético, como se pode perceber, jamais e em parte alguma foi uma escola do bom gosto e menos ainda de boas maneiras – na melhor das hipóteses, foi escola das maneiras hieráticas – isso faz com que encerre em si algo mortalmente antagônico a todas as boas maneiras – falta de moderação, aversão à moderação, ele é, de fato, um "*non plus ultra*".*

23.

O ideal ascético corrompeu não só a saúde e o gosto, corrompeu a terceira, a quarta, a quinta e a sexta coisas – vou me abster de citá-las todas (quando chegaria ao fim?). O que pretendo deixar claro não é o que esse ideal *realizou*, mas única e exclusivamente o que ele *significa*, o que deixa vislumbrar, o que há oculto atrás dele, sob ele e por trás dele, aquilo de que é expressão provisória, obscura, sobrecarregada de interrogações e mal-entendidos. Apenas por *essa* finalidade não pude poupar aos meus leitores um olhar sobre a monstruosidade dos seus resultados, assim como sobre seus efeitos fatais: a saber, prepará-los para o último e mais terrível aspecto que possui, para mim, a pergunta sobre o que significa esse ideal. O que significa exatamente o *poder* desse ideal, a *monstruosidade* do seu poder? Por que lhe foi cedido tamanho espaço? Por que não lhe foi oposta maior resistência? O ideal ascético exprime um desejo: onde está o desejo opositor, no qual se exprime um *ideal opositor*? O ideal ascético tem uma meta – esta é universal o bastante para que, comparados a ela, todos os demais interesses da existência humana pareçam mes-

*Último limite. *(N. do T.)*

quinhos e estreitos; unicamente na perspectiva dessa meta o ideal ascético interpreta épocas, povos e homens de forma inflexível, nenhuma outra interpretação é aceita, nenhuma outra meta pode valer, ele repudia, nega, afirma e confirma apenas com base no sentido da *sua* interpretação (– e já houve um sistema de interpretação mais concatenado?); tal ideal não se submete a poder algum, crê, ao contrário, em sua preferência sobre todo poder, em seu grau incondicional de *distância hierárquica* diante de todo poder – acredita não existir na Terra poder algum que não tenha de receber antes, a partir dele, um sentido, um direito existencial, um valor, como instrumento para a *sua* obra, como caminho e meio para a *sua* meta, *uma* meta... Onde está a *contrapartida* desse consistente sistema de vontade, meta e interpretação? Por que *falta* tal contrapartida?... Onde está a outra "*uma* meta"?... Porém, dizem que ela *não* falta e que não só travou luta longa e bem sucedida com esse ideal como conquistou o domínio dele em todos os aspectos essenciais: o testemunho disso seria toda a nossa *ciência* moderna – essa ciência moderna que, por ser autêntica filosofia da realidade, evidentemente só crê em si mesma, que evidentemente tem a coragem, a vontade de ser ela mesma e que até agora vem se saindo bastante bem sem Deus, sem o outro mundo e sem as virtudes negadoras. Todavia, tal alarde e palavreado de agitadores nada significam para mim: tais trombeteiros da realidade são péssimos músicos, suas vozes *não* chegam das profundezas com bastante audibilidade, o abismo da consciência científica *não* fala por eles – pois atualmente a consciência científica é como um abismo –, nas bocas de tais trombeteiros a palavra *ciência* é simplesmente uma torpeza, um abuso, um descaramento. A verdade é exatamente o oposto do que afirma a teoria ascética: hoje a ciência não tem fé *nenhuma* em si e muito menos um *ideal* superior a si – onde quer que ela ainda seja paixão, amor, fervor e *sofrimento*, também não se mostra oposta a esse ideal ascético mas, ao contrário, a própria expressão do mesmo em sua forma *mais nova e nobre*. Tal enunciado lhes soa estranho?... Também entre os doutos de hoje existem bastantes trabalhadores do povo, honrados e discretos, que apreciam seus pequenos postos e que, por isso, às vezes elevam um pouco imodestamente a voz, na *exigência* de que hoje estejamos contentes de modo geral, em particular com a ciência – nela há muito de útil a fazer. Eu não refuto; e o que menos desejaria seria estragar o prazer que esses trabalhadores honestos sentem por seu ofício: eu me alegro com o trabalho deles. Mas o fato de se trabalhar agora, com afinco, na ciência, e de haver trabalhadores contentes, *não* prova de modo algum que a ciência, como um todo, tenha hoje uma meta, um desejo, um ideal e o fervor da grande fé. Conforme foi dito, ocorre o contrário: onde ela não é a forma de manifestação mais recente do ideal ascético – nos casos demasiado raros, refinados e seletos para alterarem o juízo geral –, a ciência é hoje um *esconderijo* para toda espécie de mau humor, descrença, remorso, *despectio sui* e má consciência – ela é a própria *inquietação* da ausência de ideal, o sofrimento pela *carência* do grande amor, a insuficiência de uma sobriedade *involuntária*. Oh, quantas coisas oculta hoje toda a ciência! Quantas deve ao menos ocultar! A capacidade dos nossos melhores eruditos, a sua diligência irrefletida, seus cérebros em ebulição dia e noite e a sua própria maestria no ofício – com que frequência o significado verdadeiro de toda essa conduta visa a apenas não mais deixar que algo se torne visível para si próprio! A ciência como meio de autoanestesia: *conhecem isto*?... Às vezes, com uma palavra inofensiva, ferimos os nossos amigos doutos até o imo – fato vivenciado por todo aquele que lida com eles –, indispomos contra nós nossos amigos cultos, no momento em que pensávamos honrá-los, pois os deixamos fora de si, simplesmente por mostrarmos demasiada rudeza em perceber com quem estávamos realmente lidando, ou seja, com *sofredores*, os quais não querem confessar nem a si próprios o que são, com gente entorpecida e narcotizada que só teme uma coisa: *chegar à consciência*...

24.

– E agora examinemos casos mais raros dos quais falava, os dos últimos idealistas existentes entre os eruditos e filósofos de hoje: porventura teríamos neles os esperados *opositores* do ideal ascético, os seus *anti-idealistas*? Na verdade eles se *sentem* como tais, esses "incrédulos" (pois todos eles o são); parece que seu último resto de fé consiste justamente nisso, em serem adversários desse ideal, tamanha a sua seriedade nessa posição, tamanha a paixão que então apresentam suas palavras e gestos – mas disso resulta que sua convicção seja *verdade*?... Com o tempo, nós, "homens do conhecimento", nos tornamos desconfiados com relação a toda espécie de crentes, nossa desconfiança nos exercitou gradualmente para tirar conclusões opostas às que se extraía outrora: ou seja, em toda parte onde a força de uma crença aparece muito, em primeiro plano, antevemos certa fraqueza da capacidade de demonstração e mesmo *improbabilidade* daquilo em que se crê. Também não negamos que a fé "traz a bem-aventurança": *precisamente* por isso negamos que a fé *prove* alguma coisa – uma crença vigorosa, geradora de bem-aventurança, dá motivos de desconfiança contra aquilo em que crê, não fundamentando a "verdade", e, sim, certa verossimilhança – a da *ilusão*. O que ocorre hoje, nesse caso? Esses negadores e apartados de hoje, esses incondicionais em uma só coisa, a exigência de lisura intelectual, esses espíritos duros, rigorosos, sóbrios e heroicos, os quais constituem a honra de nossa época, todos esses ateístas pálidos, anticristos, imoralistas, nillistas, esses céticos, eféticos e *tuberculosos* do espírito (todos eles estão incluídos, em algum sentido), esses últimos idealistas do conhecimento, únicos nos quais a consciência intelectual habita e se corporifica – na verdade se julgam tão libertos quanto possível do ideal ascético, esses "espíritos livres, *muito* livres": e, não obstante, sigo descobrindo o que eles mesmos não conseguem ver – devido à proximidade demasiada a si próprios – o ideal ascético é também e precisamente *seu* ideal, hoje eles mesmos o representam e talvez ninguém mais, eles próprios são o seu produto mais espiritualizado, sua tropa mais avançada de guerreiros e batedores, a sua forma de tentação mais ardilosa, suave e imperceptível – se nunca fui decifrador de enigmas, quero sê-lo com *esta* afirmação!... Eles nada têm de espíritos livres: pois *ainda creem na verdade*... Quando os cruzados cristãos defrontaram no Oriente essa invencível ordem dos assassinos, essa ordem de espíritos-livres *par excellence*, cujos graus inferiores viviam em um regime de obediência não alcançado por qualquer ordem monástica, receberam de algum modo uma indicação acerca desse símbolo e frase-chave, reservados apenas aos graus mais elevados como o seu *secretum*: "Nada é verdadeiro, tudo é permitido"... Pois bem, *isso* era liberdade de espírito, *com isso* a própria crença na verdade era *abandonada*... Porventura terá havido um espírito livre europeu e cristão que, ao acaso, chegasse a essa tese e suas *consequências* labirínticas? Conheceria ele *por experiência* o Minotauro desse covil?... Eu duvido; melhor, sei que não é assim – para esses que se ligam a *uma* coisa de forma incondicional, para esses *chamados* "espíritos livres" nada pareceria mais estranho que chegar à liberdade e liberação em tal sentido, em nenhum outro aspecto estão atados com mais firmeza, pois justamente na fé na verdade mostram firmeza e incondicionalidade insuperáveis. Talvez eu conheça isso tudo muito de perto: a abstinência filosófica venerável, resultante obrigatória de tal fé, o estoicismo do intelecto, que se proíbe ao Não de maneira exatamente tão rigorosa quanto ao Sim, o *querer* deter-se diante da realidade, do *factum brutum*, o fatalismo dos "*petits faits*"* (*ce petit faitalisme***, como eu o chamo), em que a ciência francesa procura agora uma forma de primazia moral diante da alemã, a renúncia geral à interpretação (a violentar, reajustar, resumir, suprimir, rechear, imaginar, mistificar e a tudo o mais referente à *essência* de todo o interpretar) – *em termos gerais*, tal conduta revela tanto um ascetismo da virtude quanto a negação da sensualidade (no fundo ela é apenas uma modalidade de tal negação). Porém, o que *governa* esse desejo incondicional pela verdade é a *crença no próprio ideal ascético*, embora na forma de seu imperativo inconsciente, não nos iludamos no caso – trata-se de crença em valor *metafísico*, em valor *em si da verdade*, como só nesse ideal se encontra afiançado e confirmado (subsistindo ou perecendo junto com ele). Não há, a rigor, ciência alguma "livre de pressupostos", mostrando-se impensável e paralógica sua concepção: filosofia e "fé" deverão existir antes, para que a ciência tome uma direção, sentido, fronteira, método e *direito* existencial. (Quem tem opinião contrária, quem, por exemplo, se dispõe a assentar a filosofia "sobre base rigorosamente científica", necessita antes pôr não só a filosofia, mas também a própria verdade *de cabeça para baixo* a fim de chegar a tanto: a pior quebra de decência oferecível a duas senhoras tão respeitáveis!) Sim, sem dúvida – aqui dou a palavra à minha *Gaia ciência*, conferir o quinto livro, capítulo 344 – "o homem verdadeiro, naquele sentido temerário e final, pressuposto na fé pela ciência, *afirma um outro mundo* que não o da vida, da natureza e da história; e como fica a questão, na medida em que afirma esse 'outro mundo'? não deverá ele assim negar seu oposto, ou seja, este mundo, o *nosso* mundo?... A nossa crença na ciência repousa sempre sobre uma *crença metafísica* – mesmo nós, os homens do conhecimento de hoje, nós, ateus e antimetafísicos, extraímos nosso fogo daquela fogueira, acesa

---

*Pequenos fatos. (*N. do T.*)
**O fatalismo sem importância. (*N. do T.*)

por crença milenar, pela crença dos cristãos, que também era a de Platão, de que Deus é a verdade e de que a verdade é *divina*... Mas como tal é possível, se justamente isso se torna cada vez mais inverossímil, se nada mais se mostra divino, salvo o erro, a cegueira, a mentira – se o próprio Deus se mostra nossa *mentira mais antiga*?" – Nesse ponto é necessário deter-se e refletir longamente. A própria ciência *precisa* de justificativa a partir daí (com que de modo algum foi dito que exista justificativa para ela). Examinemos pelo prisma dessa pergunta as filosofias mais antigas e recentes: em todas falta a consciência de até que ponto a própria vontade da verdade necessita primeiramente de justificativa, existe aí uma lacuna em cada filosofia – qual a sua origem? Ela resulta do fato de que até agora o ideal ascético foi *dono* de toda a filosofia, e assim a própria verdade foi assentada como Ser, como Deus, como instância suprema, visto que de modo algum a verdade teve *permissão* de se tornar um problema. Compreende esse "teve permissão"? – A partir do momento em que é negada a fé no Deus do ideal ascético, *aparece outro problema*: o do *valor* da verdade. – A vontade de verdade precisa de uma crítica – tal postulado define nossa própria missão –, o valor da verdade deve ser experimentalmente *posto em questão*... (Para quem esse enunciado tenha soado demasiado conciso, recomendo voltar a ler o capítulo da *Gaia ciência* intitulado: "A que ponto ainda somos piedosos" (capítulo 344), ou melhor, a leitura completa do quinto livro da referida obra, bem como o prefácio de *Aurora*.)

25.

Não! Que não falem em ciência quando procuro o antagonista natural do ideal ascético, quando pergunto: "Onde está o desejo oposto, em que se expressa o *ideal opositor*?" A ciência não está nem perto de ser independente para isso, ela necessita antes, em todos os sentidos, de um ideal de valores, do poder criador de valores, a cujo *serviço* ela *possa acreditar* em si própria – por si mesma ela jamais cria valores. Sua relação com o ideal ascético não é, em si, de maneira alguma, antagônica, ela essencialmente representa, antes, a força impulsionadora da configuração interna deste. Seu protesto e luta não são em absoluto dirigidos, se examinarmos de modo mais sutil, ao próprio ideal, mas apenas ao seu exterior, seu disfarce, seu jogo de máscaras, e ao seu endurecimento, carapaça e dogmatização temporárias – a ciência devolve vida existente no ideal ascético ao negar o que ele possui de exotérico. Ambos, ciência e ideal ascético, repousam sobre o mesmo solo – coisa que já tornei clara – ou seja, sobre a superestimação da verdade (mais precisamente: na crença da *in*averiguabilidade e *in*tocabilidade da verdade), e por isso *necessariamente* se aliam – de modo que, supondo que sejam combatidos, também só poderemos combatê-los e questioná-los juntamente. Um questionamento do valor do ideal ascético acarreta, igualmente, de forma inexorável, o questionamento do valor da ciência: que se abram os olhos e agucem os ouvidos a esse respeito! (A *arte*, diga-se de antemão, pois a ela voltarei mais detidamente – a arte, de modo preciso, em que a *mentira* se santifica e o *desejo de ilusão* traz a seu lado a boa consciência, se opõe ao ideal ascético de maneira muito mais radical que a ciência: assim notou o instinto de Platão, o maior entre os inimigos da arte que a Europa criou até agora. Platão *versus* Homero: esse o antagonismo completo, genuíno – a um lado o mais "convicto apregoador do além", o grande detrator da vida; do outro, o panegirista involuntário da vida, a natureza *dourada*. Assim, a subserviência do artista em prol do ideal ascético constitui a *corrupção* mais clara que pode haver no artista, e infelizmente uma das mais habituais: pois nada é tão corruptível quanto um artista.) A ciência, também pelo ponto de vista fisiológico, repousa sobre o mesmo solo do ideal ascético: tanto em um como em outro a premissa é certo *empobrecimento da vida* – o esfriamento das paixões, o retardar do andamento, a dialética no lugar do instinto, a *seriedade* imposta aos semblantes e gestos (a seriedade, esse sinal inequívoco de metabolismo penoso, de vida lutando e trabalhando com mais dificuldade). Examinemos as épocas de um povo, quando nelas o homem douto se situou em primeiro plano: são épocas de fadiga e, com frequência, de ocaso, decadência – a força transbordante, a confiança na vida, a confiança no *futuro*, estão extintas. Jamais a preponderância do mandarim significou algo de bom: tampouco o surgimento da democracia, dos tribunais de paz em lugar das guerras, da igualdade de direitos para as mulheres, da religião da compaixão e de todos os demais sintomas de vida em declínio. (A ciência concebida como um problema; o que significa ciência? – consultar o prefácio de *O nascimento da tragédia*.) Não! Essa "ciência moderna" – basta abrir os olhos! Por enquanto é a *melhor* companheira do ideal ascético, pelo preciso fato de ser a mais inconsciente, involuntária, secreta e subterrânea! Até agora eles têm jogado o *mesmo* jogo, "pobres de espírito" e os antagonistas científicos de tal ideal (que se proteja, dizendo de passagem, da concepção de que os últimos constituam a antítese dos primeiros, algo assim como os ricos de espírito – *não* o são; eu os chamei de tuberculosos do espírito). Quanto às celebradas *vitórias* desses últimos: indubitavelmente se trata de vitória – mas sobre o quê? Nelas, o ideal ascético não foi de modo algum vencido, tornou-se, ao contrário, mais forte, ou seja, mais inapreensível, abstrato e ardiloso pelo fato de que, vez por outra, a ciência eliminou, derrubou impiedosamente o muro, um bastião que se erigia em torno desse ideal e que tornava *mais grosseiro* seu aspecto. Pode-se efetivamente opinar que a derrota da astronomia teológica significa a derrota desse ideal?... Terá com isso o homem se tornado *menos necessitado* de uma solução transcendental para seu enigma existencial, porque desde então essa existência se afigura ainda mais aleatória, casual e supérflua na *ordem visível* das coisas?

Não avança precisamente a autodiminuição do homem, seu *desejo* por diminuir-se, de modo irresistível desde Copérnico? Ah, a crença mantenedora de sua dignidade, particularidade e posição única na hierarquia das criaturas está acabada – ele se tornou *animal*, animal sem metáforas, restrições ou reservas, ele que em sua antiga fé era quase Deus ("filho de Deus", "homem-Deus")... A partir de Copérnico o homem parece cair em um plano inclinado – desse momento em diante, ele rola e se afasta cada vez mais depressa do centro – para onde? para o nada? para o "sentimento *dilacerante* de seu nada"?... Bem, seria precisamente esse o caminho reto – para o *antigo* ideal?... *Toda* ciência (de modo algum apenas a astronomia, cujo efeito humilhante e arrasador Kant fez confissão digna de nota, "ela aniquila minha importância..."), toda ciência, tanto a natural quanto a antinatural – assim eu denomino a autocrítica do conhecimento –, tende hoje a dissuadir o homem da consideração até agora manifestada por si mesmo, como se ela nada mais fosse que uma espécie bizarra de presunção; poder-se-ia dizer que a ciência mostra seu próprio orgulho, sua forma peculiar e áspera de ataraxia estoica, ao sustentar do homem esse autodesprezo alcançado a muito custo, vendo nele sua última e mais séria pretensão por consideração (na verdade, com razão: pois quem despreza será sempre alguém que "não esqueceu como apreciar"...). Mas tal procedimento trabalha *contra* o ideal ascético? Opina-se ainda com toda a seriedade (como imaginaram os teólogos em certa época) que, por exemplo, a *vitória* de Kant sobre a dogmática dos conceitos teológicos ("Deus", "alma", "liberdade", "imortalidade") resultou na destruição desse ideal? – não nos deve importar se o próprio Kant teve porventura intenção de tal natureza. O certo é que, desde Kant, todos os tipos de transcendentalistas venceram de novo a contenda – eles se emanciparam dos teólogos: que felicidade! – Kant lhes revelou um desvio secreto pelo qual podiam seguir os "anseios de seus corações" por conta própria e na melhor decência científica. Ou ainda: quem poderia censurar os agnósticos, a partir de então, se eles, como veneradores do em si desconhecido e misterioso, reverenciam agora como Deus o *próprio ponto de interrogação*? (Xaver Doudan fala dos *ravages** resultantes do *l'habitude d'admirer l'inintelligible au lieu de rester tout simplement dans l'inconnu***. Em sua opinião, os antigos prescindiam do mesmo hábito.) Visto que tudo que o homem "conhece" não satisfaz seus desejos mas, ao contrário, os contradiz e neles provoca calafrios, que divina escapatória é poder buscar a responsabilidade não no "desejar" mas no "saber"!... "Não há qualquer saber: *consequentemente* – há um Deus": que nova *elegantia syllogismi****! que *triunfo* do ideal ascético! –

26.

– Ou porventura toda a historiografia moderna mostrou atitude mais confiante na vida, mais confiante num ideal? Sua pretensão mais nobre consiste agora em ser *espelho*; ela rejeita toda teleologia; nada mais quer "provar"; desdenha representar o papel de juiz e mostra aí seu bom gosto – não afirma nem nega, apresenta, "descreve"... Tudo isso é ascético em alto grau; porém, é simultaneamente *niilista* em grau maior ainda, não haja dúvidas! Nota-se um olhar triste, duro, porém decidido – um olho que *olha para fora*, como um solitário explorador do Polo Norte (talvez para não olhar para o interior? não olhar para trás?...). Há neve, nela a vida está silenciada; as últimas cornetas que se fazem ouvir estão dizendo: "Para quê?", "Em vão!", "Nada!****" – aí não existe

*Estragos. *(N. do T.)*

**O hábito de admirar o ininteligível em vez de simplesmente permanecer no desconhecido. *(N. do T.)*

***Elegância do silogismo. *(N. do T.)*

****A palavra "nada" aparece em espanhol no original. *(N. do T.)*

o que prospere e cresça, excluindo a metapolítica de São Petersburgo e a "compaixão" de Tolstoi. Mas quanto a essa outra espécie de historiadores, uma espécie talvez ainda mais "moderna", um tipo desfrutador, voluptuoso, tão enamorado da vida quanto do ideal ascético, que usa como luva a palavra "artista" e que hoje monopoliza totalmente o louvor à contemplação: oh, que sede esses doces intelectuais ainda despertam por ascetas e paisagens de inverno! Não! Que o Diabo leve esse povo "contemplativo"! Prefiro, sem dúvida, caminhar com aqueles niilistas históricos pelas brumas mais cinzentas, sombrias e frias – não, não me importa, supondo que tenha de escolher, em dar ouvidos até a algo de todo e de fato anti-histórico, contra-histórico (como esse Dühring, em cujas ênfases se embriaga na Alemanha uma espécie até agora tímida e inconfessa de "belas almas", a *species anarchistica* no seio do proletariado instruído). Os "contemplativos" são cem vezes piores – não sei de algo que possa provocar tanto asco como tal poltrona "objetiva", tal desfrutador perfumado diante da história, meio padre, meio sátiro, *parfum Renan**, o qual já no alto falsete de seu aplauso denuncia aquilo de que carece, *onde* carece, *onde*, neste caso, a Parca manejou sua cruel tesoura de modo, ah, demasiado cirúrgico! Isso vai contra o meu gosto e também contra a minha paciência: ante tal cisão, que mantenha a paciência quem nela nada tem a perder – tal visão me irrita, tais "espectadores" me amarguram contra o "espetáculo", em medida maior ainda do que o referido espetáculo (a própria história, como bem se compreende), essa perspectiva me traz subitamente humores anacreônticos. A natureza, a qual deu os cornos ao touro e ao leão o χάσμ' ὀδὀντων**, para que me deu os pés?... Para pisar, por santo Anacreonte! não apenas para fugir; para pisotear

*Ernest Renan, francês, historiador de religião. *(N. do E.)*
**Abismo de dentes. *(N. do T.)*

as poltronas carcomidas, a contemplação covarde, a sombria condição de eunucos ante a história, o flertar com os ideais ascéticos, a tartufice da justiça representada pela impotência. *Até o ponto em que é honesto*, o ideal ascético merece todo o meu respeito! desde que acredite em si mesmo e não nos apresente qualquer farsa! Porém eu não gosto de todos esses percevejos coquetes, cuja ambição é insaciável a ponto de exalar ao infinito, até que finalmente o infinito cheire a percevejo; não gosto dos túmulos caiados com sua paródia da vida; não gosto dos cansados e inúteis envoltos no manto da sabedoria e parecendo "objetivos"; não gosto dos agitadores vestidos de heróis, que colocam o manto invisível do ideal em torno dos montes de palha que são suas cabeças; não gosto dos artistas ambiciosos, que apreciam representar ascetas e sacerdotes e, no fundo, são apenas trágicos bufões; também não gosto dos antissemitas, esses especuladores mais recentes no idealismo, hoje revirando os olhos à maneira do homem de bem, cristão-ariano, e que tentam incitar todo elemento bovino, próprio do povo, mediante um abuso que esgota toda a paciência, por ser o meio mais barato de agitações e da afetação moral (– o fato de que, na Alemanha atual, *todo* tipo de espírito fraudulento não deixe de obter êxito se relaciona com o gradual, inegável e já palpável *desleixo* do espírito alemão, cujas causas procuro na alimentação demasiado restrita a uma dieta de jornais, política, cerveja e música wagneriana, acrescentando-se o que constitui o pressuposto dessa dieta: primeiramente a clausura e vaidade nacionais, o princípio forte, porém limitado de *Deutschland, Deutschland über alles**, e finalmente a *paralysis agitans*** das "ideias modernas". A Europa é hoje, antes de tudo, rica e inventiva em formas de excitação, não parece achar coisa alguma mais necessária que

---

*"Alemanha, Alemanha acima de tudo." Início do hino alemão. *(N. do E.)*
**Paralisia que agita, conhecida como Mal de Parkinson. *(N. do T.)*

estimulantes e aguardente: daí resultando também a enorme falsificação de ideais, a mais forte aguardente do espírito, e também a atmosfera repulsiva, malcheirosa, mentirosa e pseudoalcoólica em toda a parte. Gostaria de saber quantas cargas de idealismo imitado, de disfarces heroicos e profusão de palavras altissonantes, quantas toneladas de compaixão adocicada e alcoólica (firma fabricante: *la religion de la souffrance**, quantas pernas postiças "da nobre indignação" para ajudar pés-chatos espirituais, quantos *comediantes* do ideal moral-cristão deveriam ser exportados hoje da Europa, para seu ar voltar a ser mais puro... Evidentemente, devido a essa superprodução abre-se nova possibilidade *comercial*, é óbvio que se pode fazer novo "negócio" com pequenos ídolos do ideal e com os "idealistas" correspondentes – que não se deixe esta clara alusão passar em branco! Quem tem coragem bastante para tanto? – Temos em *mãos* a possibilidade de "idealizar" toda a Terra!... Mas quando falo sobre a coragem: refiro-me aqui, apenas, à falta de uma só coisa, a mão, mais precisamente uma mão livre, totalmente livre...

27.

– Basta! Basta! Deixemos essas curiosidades e complexidades do espírito mais moderno, nas quais há tanto motivos para riso quanto para desgosto: precisamente *nosso* problema, o problema do *significado* do ideal ascético, pode prescindir delas – o que tem ele a ver com o ontem e o hoje! Abordarei tais coisas em outro contexto, mais profundo e duro (sob o título de *A história do niilismo europeu*; para tanto recomendo, antes, uma obra que estou preparando: *A vontade de poder, uma tentativa de transvaliação de todos os valores*). Tudo que me importa demonstrar com isso é: mesmo na esfera mais espiritual o ideal

---

*A religião do sofrimento. *(N. do T.)*

ascético continua tendo, por enquanto, *um* só tipo de inimigos e *danificadores* verdadeiros: trata-se dos comediantes desse ideal - pois despertam a desconfiança. Em todos os demais setores onde o espírito trabalha hoje, com rigor, com energia e sem falsidade, prescinde por completo de ideal - a expressão popular para essa abstinência é "ateísmo" - *excetuando-se a vontade de verdade.* Porém essa vontade, esse resto de ideal é, caso queiram dar-me crédito, esse próprio ideal na sua formulação mais rigorosa e espiritual, sendo absolutamente esotérico, despojado de todo o aparato externo, com que não é o seu resto mas o seu *cerne.* O ateísmo incondicional e honesto (-- seu ar é o único que nós, os homens mais cerebrais desta época, respiramos!) não está, portanto, em oposição a esse ideal, como pode parecer; ao contrário, é uma de suas últimas etapas de desenvolvimento, uma de suas formas finais e de suas consequências lógicas internas - ele é a catástrofe*, que impõe respeito, proveniente da educação para a verdade de dois milênios de duração, que por fim proíbe a si mesma *a mentira da crença em Deus.* (Esse mesmo processo evolutivo se deu na Índia, na mais completa desvinculação e, portanto, demonstra algo; o mesmo ideal levando à mesma conclusão; o ponto decisivo alcançado cinco séculos antes da cronologia europeia, com Buda; ou mais exatamente, já com a filosofia Sankhya, esta popularizada e tornada religião por intermédio de Buda.) Mas *o que*, perguntando a rigor, *triunfou* de fato sobre o Deus cristão? A resposta está em minha obra, *Gaia ciência*, capítulo 357: "A própria moralidade cristã, o conceito de veracidade tomado em sentido cada vez mais rigoroso, a sutileza própria da confissão da consciência cristã, traduzida e sublimada em consciência científica, em limpeza intelectual a qualquer preço. Encarar a natureza como se fosse prova de bondade e proteção de um deus; interpretar a história em reverência a um juízo di-

*A palavra tem, aqui, o sentido original grego, de "reviravolta". *(N. do E.)*

vino, como testemunho contínuo de uma ordem ética do mundo e intenções éticas finais; explicar as próprias vivências como os homens as têm explicado por bastante tempo, como se tudo fosse um arranjo, um aviso, tudo estivesse pensado e disposto para a salvação da alma pelo amor: de agora em diante isso *acabou*, isso tem *contra* si a consciência, todos os espíritos mais sutis consideram tal posicionamento indecoroso, desonroso, mentiroso, encarando-o como feminismo*, fraqueza e covardia – justamente por tal rigor somos, se tal se deve a algo, *bons europeus* e herdeiros da mais longa e brava autossuperação da Europa"... Todas as grandes coisas se arruínam por si mesmas, por um ato de autodissolução: assim quer a lei da vida, a lei *necessária* da "autossuperação" existente na essência da vida – no último momento o próprio legislador diz a si mesmo: "*patere legem, quam ipse tulisti*"**. Assim foi com o cristianismo que, *enquanto dogma*, pereceu nas mãos da sua própria moral; e assim é como o cristianismo, *enquanto moral*, ainda tem de perecer – estamos no limiar do acontecimento. Após a verdade cristã ter tirado uma conclusão após outra, apresenta por fim sua *conclusão mais cabal*, sua conclusão contra si própria; tal acontece quando formula a pergunta: "*O que significa toda a vontade de verdade*?"... Aqui volto a atiçar meu problema, nosso problema, meus desconhecidos amigos (– pois ainda não tenho conhecimento de qualquer amigo!): que sentido teria todo o nosso ser, senão o de que essa vontade de verdade, em nós, chegue à consciência de si mesma *como problema*?... Este fato da vontade de verdade chegar à consciência de si faz perecer, de agora em diante – e disso não há dúvida – a moral: esse grande espetáculo em cem atos, reservado aos dois séculos vindouros da Europa, o mais temível, mais misterioso e talvez também mais esperançoso de todos os espetáculos...

---

*"Feminismo", aqui, está no sentido nietzschiano: "coisa de mulheres", "debilidade".

**Sofres a lei que tu mesmo promulgaste. *(N. do T.)*

28

A excetuar o ideal ascético, o homem, o homem *animal*, não tinha, até então, qualquer sentido. Sua existência na terra não possuía qualquer meta; "Qual a efetiva razão do homem?" – era pergunta sem resposta; faltava a *vontade* para o homem e para o mundo; por trás de todos os grandes destinos humanos ressoava como estribilho um "em vão" ainda mais forte. O ideal ascético significa precisamente isso: que estava *faltando* algo, uma imensa *lacuna* circundava o homem – este não sabia justificar, explicar e dar afirmação de si próprio, *sofrendo* com o problema de seu próprio sentido. Sofria também por outras causas; era animal basicamente *doente*; mas seu problema não era o próprio sofrer e sim a falta de resposta ao grito da pergunta: "*para que sofrer*?" O homem, o animal mais valente e acostumado ao sofrimento, *não* nega o sofrimento em si; ele o *quer*, vai até procurá-lo, desde que se lhe mostre *sentido*, *razão* para o sofrimento. A falta de sentido do sofrimento, e *não* ele próprio, era a maldição até então difundida pela humanidade – *e o ideal ascético lhe ofereceu um sentido*! Até agora foi o único sentido; algum sentido é melhor que sentido algum; o ideal ascético foi, em todos os aspectos, o *faute de mieux par excellence** até agora existente. Nele, o sofrimento foi *interpretado*; o vazio desmesurado pareceu preenchido; a porta se fechou a todo niilismo suicida. A interpretação – disso não há dúvida – trazia consigo um novo sofrimento, mais profundo, interiorizado, venenoso e corrosivo à vida: ela colocou todo sofrimento sob a perspectiva da *culpa*... Mas apesar de tudo – o homem, dessa maneira, foi salvo, ele tinha um sentido, daí em diante não era mais como uma folha ao vento, um joguete do absurdo, do sem sentido, a partir de então podia *desejar* algo – sendo, a princípio, indiferente o que queria, para que o queria

*Mal menor por excelência. (*N. do T.*)

e como o queria: *a própria vontade estava salva.* Afinal não se pode, em hipótese alguma, ocultar o que de fato expressa todo esse querer, cuja orientação provém do ideal ascético: esse ódio contra o humano, mais ainda contra o animal, mais ainda contra o material, esse horror aos sentidos, à própria razão, esse medo da felicidade e da beleza, essa ânsia de se afastar de toda a aparência, mudança, devir, morte, desejo e mesmo da ânsia – tudo isso significa, atrevamo-nos a compreendê-lo, *a vontade de nada*, a aversão à vida, o repúdio às premissas mais básicas da vida, porém é e permanece sendo uma *vontade*!... Repetindo, no final, o que disse no princípio: o homem ainda prefere *querer o nada a nada querer*...

Posfácio à edição de bolso
Genealogia da moral

Ler e compreender Nietzsche é como se apropriar de uma ferramenta inteligente, excelente para, em geral, pensar contra si mesmo, a mais árdua tarefa que um homem deve se impor. É uma tarefa de enfrentamento daquilo que o atordoa, como o ressentimento, o medo, a perfídia, a morte, a doença, a culpa, o remorso – em síntese, as *barras da vida*. Nada mecânico, mesmo que Nietzsche endossasse a tese de que a filosofia deve ser aprendida e aplicada imediatamente à vida, como faziam os gregos antigos, muito mais do que estudá-la visando à elevação do espírito. Não sendo um livro de autoajuda, a ferramenta habilita o leitor atento a ousar se livrar de preconceitos nunca questionados, a desconfiar de verdades consideradas absolutas, a interrogar a naturalização cotidiana de valores éticos, estéticos, políticos, religiosos. E mais, no limite poderá adotar para si o dístico nietzschiano: *Amor fati!* – amar o destino, amar a vida com tudo que ela contém: os lados obscuros e as aparências falsamente iluminadas e idealizadas, mas sobretudo amar a alegria de viver. Ler Nietzsche é aprender a dizer "Sim" à vida, amá-la simplesmente, porém não de modo simples. Num tempo de travessia de niilismos, tempo de "fastio do homem", em que os valores fundados há milênios ou se cumpriram ou perderam a força. Tempo de fastio das idealizações e das promessas da modernidade, dentre elas a do cientificismo e a da utopia.

A Filologia Clássica foi a ferramenta mágica inicial de Nietzsche para desvelar os sentidos ocultos das palavras e dos termos, as polissemias, como na aplicação filológica para os termos "bom" e "mau", no Primeiro Tratado da *Genealogia da moral.* Com este instrumento, ele ingressou na Universidade da Basileia pela porta da frente – professor de filologia. A filosofia viria como um acréscimo. Em verdade, um salto para a crítica do mau uso da razão no Ocidente, na filosofia de Platão e no cristianismo que valorizavam a alma e desprezavam o corpo, os impulsos, os instintos e, sobretudo, por esquecerem o deus Dionísio.

De onde vem a moral? Qual é seu percurso histórico? Em *Genealogia da moral,* Nietzsche investiga a invenção da moral pela interrogação acerca do *valor do valor moral*, na contramão do consenso da Ética tradicional. A pergunta acerca desse valor e o procedimento genealógico são originalíssimos. Em *Genealogia*, Nietzsche reapropria-se da *curiosidade* filosófica como uma nova chave para desmitificar a moral tradicional e a moral contemporânea.

Em 1888, aos 44 anos, Nietzsche escreveu *Ecce homo,* um balanço autocrítico de sua produção filosófica demolidora, na forma de interpretação de si e de sua paixão. No Prólogo revela: "Não sou, por exemplo, nenhum bicho-papão, nenhum monstro moral – sou até mesmo uma natureza oposta à espécie de homem que até agora se venerou como virtuosa. Cá entre nós, parece-me que justamente isso forma parte de meu orgulho. Sou um discípulo do filósofo Dionísio, preferia antes ser um sátiro a ser um santo. Talvez eu o tenha conseguido, talvez não tenha ele outro sentido senão expressar essa oposição de maneira feliz e afável. A última coisa que *eu* prometeria seria 'melhorar' a humanidade. Eu não construo novos ídolos; os velhos que aprendam o que significa ter pés de barro. *Derrubar ídolos* (minha palavra para 'ideais') – isso sim é meu ofício."* Para Nietzsche, os

*"Prólogo", 2. *In* NIETZSCHE, F. *Ecce Homo.* 2ª edição. Tradução Paulo César de Souza. Cia. das Letras, 1995, pp. 17-18.

homens bons, verdadeiramente bons, são aqueles que se obtém na luta diuturna contra si mesmos. Como o "rei Vishvamitra, que, através de automartírio milenar, adquiriu tal sentimento de poder e confiança que empreendeu a tarefa de construir *um novo céu*: o símbolo sinistro da mais antiga e mais recente história dos filósofos na Terra – todo aquele que em alguma época construiu um 'novo céu' encontrou, antes, a força para tanto em seu *próprio inferno*..."* O processo de autoconhecimento do filósofo se dera pelo sofrimento e pela solidão.

Particularizando as características destacadas de cada uma das três dissertações de *Genealogia da moral*, o próprio Nietzsche escreveu: "– A verdade da *primeira* dissertação é a psicologia do cristianismo: o nascimento do cristianismo do espírito do ressentimento, *não*, como se crê, do 'espírito' – um antimovimento em sua essência, a grande revolta contra a dominação dos valores *nobres*. A segunda dissertação oferece a psicologia da *consciência*: a mesma *não* é, como se crê, 'a voz de Deus no homem' – é o instinto de crueldade que se volta para trás, quando já não pode se descarregar para fora. A crueldade pela primeira vez revelada como um dos mais antigos e indeléveis substratos da cultura. A terceira dissertação dá resposta à questão de onde procede o tremendo poder do ideal ascético, do ideal sacerdotal, embora o mesmo seja o ideal *nocivo par excellence*, uma vontade de fim, um ideal de *décadence*. Resposta: *não* porque Deus atue por trás dos sacerdotes, mas sim *faute de mieux*** – porque foi até agora o único ideal, porque não tinha concorrentes. 'Pois o homem preferirá ainda querer o nada a nada querer'... Sobretudo faltava um *contraideal – até Zaratustra*."***

---

*NIETZSCHE, F. *Genealogia da moral*. III, 10. Tradução Attila Blacheyre. Segundo Lou Andreas-Salomé, no livro *Nietzsche em suas obras*. Tradução José Carlos Barbosa. Brasiliense, 1992.

**Por falta de coisa melhor. *(N. do P.)*

*** "Genealogia da Moral". *In* NIETZSCHE, F. *Ecce homo*. 2ª edição. Tradução Paulo César de Souza. São Paulo: Cia. das Letras, 1995, pp. 97-98.

Se Nietzsche, fino músico e poeta, colocasse sob o método do *perspectivismo* os versos de Tom Zé e Elifas Andreato: "Mas que o salva / a humanidade / é que não há quem cure / a curiosidade... / a curiosidade / inventou, inventou / a humanidade"*; ao ouvi-los, certamente, daria uma gargalhada de satisfação a soar até no Olimpo.

Antonio Valverde

Professor do Departamento de Filosofia da PUC-SP e do Departamento de Fundamentos Sociais e Jurídicos da EAESP-FGV.

ajrvalverde@uol.com.br

*TOM ZÉ e ELIFAS ANDREATO. "Salva Humanidade". In TOM ZÉ. CD *Vira Lata na Via Láctea*. AA003000. MCK, 2014

Nota do tradutor

Esta tradução tem história. Dos 11 aos 13 anos, um jovem brasileiro se via perdido espiritual e psicologicamente porque o ambiente, o *milieu-habitat* onde nascera e crescera, lhe era tão absurdo e primário que, sem ter conhecimento de outras pessoas, limitado àqueles com quem convivia, tal ambiente estava perto de se partir.

Foi quando chegou, pelo livreiro Silvestre Mônaco, dono de um sebo em Niterói (RJ), um exemplar deste trabalho de Nietzsche em inglês. O jovem conhecia tal idioma o suficiente; para entendê-lo, criou, assim, uma nova alma, descobriu que no planeta havia outros tipos de pessoas, outros mundos.

Sempre imaginara e imagina ainda hoje, aos 69 anos, que o livro, trazido ao português, levaria alento a outros além dele. Acreditava que a autenticidade de Nietzsche e a fidelidade a seu pensamento deviam vir ao português diretamente do alemão, por isso nunca o traduziu do inglês.

Como seu filho tinha mais conhecimento do alemão, ele lhe pediu para traduzir a obra diretamente do original. A tarefa inicialmente não foi fácil devido à complexidade das ideias de Nietzsche, mas, persistindo, o filho fez a primeira versão e partiu à revisão, e tive a satisfação de colaborar revisando o português, atentando a este ou aquele detalhe.

Com orgulho e satisfação, demos por completa esta tradução. Representou muito na vida de um, e também poderá representar muito na vida de outros que se encontram no matagal, no brejo, no deserto espiritual e mental (e assim até o presente mantido) de tão grande parcela de nossa brava gente.

FRIEDRICH WILHELM NIETZSCHE, filho e neto de pastores protestantes, nasceu no ano de 1844, em Röcken, localidade perto de Leipzig, na Prússia. Valeu-se de seus profundos conhecimentos em filologia, história, fisiologia e estrutura das leis. Parece válida, todavia, a observação de que *Genealogia da moral*, considerada sua obra mais contundente, foi escrita há mais de um século, apresentando assim trechos que pouco têm a ver com a cultura contemporânea, tais como suas longas (e reprovadoras) considerações sobre os psicólogos ingleses da época, no primeiro tratado; ou, por exemplo, a transcrição de uma passagem em latim que ocupa toda uma página. Claro está que o latim, como as palavras em grego existentes nesta obra, eram línguas estudadas pelos contemporâneos mais cultos de Nietzsche, não recebendo hoje a mesma atenção. Por outro lado, a valência, universalidade e atemporalidade de sua filosofia parecem hoje mais evidentes que nunca.

Ao usar a palavra *Übermensch* (aqui traduzida como *préter-homem*), Nietzsche assumiu a condição de precursor de pensadores mais recentes, os quais veem/propõem a necessidade de novos padrões humanos.

A palavra nietzschiana *Übermensch* apresenta significado bem claro em alemão: quer dizer "acima, além de", como por exemplo *Überlastung* (sobrecarga) ou em *Übermorgen*, cuja tradução é "além de, depois de amanhã". *Mensch* é substantivo para "humano", independentemente do sexo. A tradução de *Übermensch* para *Superman* no inglês ou *superhomem* para nossa língua, além de imperfeita, conduz a suposições errôneas. Seria como chamar a humanidade atual de "super-pré-histórica", por descender/advir dos homens das cavernas. Notemos que o *Übermorgen* não mostra uma pretendida superioridade sobre o *Morgen* (manhã, amanhã), sendo apenas um desdobramento deste. Sem dúvida, Nietzsche propõe o surgimento, ou o prenuncia, jamais na condição de massa, de uma criatura redentora do gênero humano, mais adequada, portanto, para a sobrevivência. O termo *préter-homem* nos parece mais indicado – e não apenas em português. É prepotente afirmarmo-nos melhores que nossos antepassados, assim como postular a superioridade desse *préter-homem* em relação também a nós seria como o alicerce que forma a base para a uma construção, e seria tolo afirmar que um é melhor que o outro. Ao falar sobre esse novo ser, Nietzsche mantém coerência com seu repúdio ao igualitarismo e ao nivelamento por baixo. O *préter-homem* foi delineado como possuidor de grande potência física e mental, prerrogativa de poucos.

Vale ressaltar que o nacional-socialismo hitleriano não se pôde valer do conceito nietzschiano de *Übermensch*, visto que as críticas à mentalidade e à conduta alemãs são duras e frequentes na obra do filósofo.

Attila Blacheyre

EDIÇÕES
BestBolso

Este livro foi composto na tipologia Minion Pro Regular, em corpo 10,5/13, e impresso em papel off-set 56 g/m² no Sistema Cameron da Divisão Gráfica da Distribuidora Record.

TAMBÉM DISPONÍVEL EM EDIÇÃO DIGITAL. ISBN DO EBOOK: 978-85-7799-525-7